华东师范大学出版社

市场调查

职业教育商贸、财经专业教学用书

主　编　胡咏雪
副主编　孙雪梅

出版说明

CHUBANSHUOMING

本书作为职业学校市场营销专业的一门重要的专业基础课,强调"以能力为本位、以就业为导向",具有鲜明的职业教育特色。

本书主要栏目设置如下:

项目背景　交代本项目发生的背景,导入学习内容。

任务热身　根据任务内容提出问题。

企业建言　企业工作人员给出的经验建议。

知识储备　具体阐述针对本任务需要掌握的知识点。

实战体验　完成任务操作,给出具体结果。

案例分析　针对学习内容给出相似案例,并进行分析。

实训练习　布置的课后练习。

本书相关资源请至 www.shlzwh.com 中的"教学资源"栏目,搜索关键字"市场调查"进行下载,或与我社客服联系:service@shlzwh.com,13671695658。

另,本书部分图片取自网络和其他书籍,来源明确的已做标注,如有不妥之处,也请联系我们。

华东师范大学出版社
2016 年 9 月

前　言

QIANYAN

市场调查是一种通过信息将消费者、顾客和公众与营销者连接起来的职能。随着企业竞争的加剧、消费者行为的多变，市场调查的重要性更加突出。

对处于激烈的市场竞争中的企业来说，市场调查是市场营销运营的出发点。只有市场调查能为产品策略、价格策略、促销策略、流通策略提供决策的依据；市场调查也有助于企业营销管理目标的实现，因为企业能否成功发现并解决营销问题，在很大程度上有赖于市场调研活动的开展。

作为职业学校市场营销专业的一门重要的专业基础课，市场调查是一门应用性、实践性很强的学科。"以能力为本位、以就业为导向"的职业教育目标和社会发展需要，要求我们必须加强实践性教学，培养和提高学生解决实际营销问题的能力。

目前，职业学校市场调查方面的教材有多种版本，但大多数是传统的学科型教材，内容以介绍市场调查的基本理论和方法为主，缺少必要的、真实的、具体的市场调查案例与分析，缺少指导师生进行实训的具体任务。

本书的编写立足于具体的工作岗位，从实际的调查对象出发，采用任务驱动的教学模式安排教学内容，主要有以下特点：

1. 任务内容选取的创新。绝大多数市场调查教材内容的编排都是以市场调查的操作流程为基础，每个任务都针对流程中的一个环节进行详细讲解，只有完成了教材的学习才能形成对市场调查整个流程的认识。而本书围绕企业开展市场营销活动需要调查的各项内容展开，符合企业的岗位工作实际，并且每个内容的市场调查都是一个完整的流程，因此学生通过每个任务的学习能反复训练对市场调查流程的认识。本书的市场调查研究的各项内容包括：市场环境、新产品上市调查、市场需求、市场供应环境、消费者心理和行为、市场营销因素、市场竞争。企业的市场调查工作主要是以上述内容为中心开展的。本书的内容选取形式在市场调查教材市面上屈指可数。

2. 以模块化思想精心安排各栏目，使每个栏目都具备其应有的功能。在每个教学任务中，分别设置了八个栏目：学习目标、项目背景、任务热身、企业建言、知识储备、实战体验、案例分析、实训练习。"学习目标"阐明总体学习要达到的要求;"项目背景"给出具体的工作任务,使学生身临其境;"任务热身"、"企业建言"都根据具体工作任务展开;"知识储备"的内容紧紧围绕工作任务中所需的知识来选取;"实战体验"、"案例分析"和"实训练习"三者相结合,使学生既能得到实际的训练,在实战中发现问题,又能在企业真实案例中获得启发、解决问题,更好地领会企业的市场调查实践活动。

3. 本着"实用、够用,学以致用"的原则对传统教学内容做了取舍,着力突出理论知识学习、案例教学与实践教学的紧密结合。理论知识部分按知识点的形式选取市场调查中学生能学会且易学会、实际使用较频繁的内容;"案例分析"中的真实案例展示了企业如何运用理论知识和方法开展相关内容的调查;"实战体验"和"实训练习"使学生通过实践,体会并运用市场调查的方法和技巧。

本书由上海市商贸旅游学校胡咏雪担任主编,贵阳市女子职业学校孙雪梅担任副主编,企业专家黄泰岭倾力指导,薛宝平、陈盈、张慧、苏佳参与编写。其中任务一、二由胡咏雪编写,任务三、五由孙雪梅编写,任务四由陈盈、张慧编写,任务六由薛宝平编写,任务七由苏佳编写。

本书在编写过程中,参阅了大量文献与网站资料,在此对有关资料的编辑和著作者致以诚挚的谢意!

同时,该书的编写得到了学校领导、营销教研组同事及华东师范大学出版社的大力支持,在此一并表示衷心感谢!由于编者水平有限,书中难免有不足之处,欢迎广大读者和同行批评、指正。

编　者

2016 年 9 月

目 录

MULU

项目一　进行市场营销环境调查　　1

学习目标　　1
项目背景　　2
任务热身　　2
企业建言　　2
知识储备　　2
　一、市场调查的含义　　2
　二、市场调查的价值　　3
　三、市场营销环境调查的内容　　5
　四、开展市场调查的程序　　7
　五、文案调查法、访问调查法、观察调查法　　9
实战体验　　16
　设计市场营销环境调查的调查方案　　16
案例分析　　17
　案例一　农夫山泉的市场营销环境分析　　17
　案例二　屈臣氏的市场营销宏观环境分析　　20
　案例三　清风纸业的市场营销宏观环境分析　　22
　案例四　中国移动市场营销环境分析　　24
实训练习　　29
　实训一　上海饮料市场营销环境调查　　29
　实训二　与企业专家对话　　30

项目二　开展新产品上市调查　　31

学习目标　　31
项目背景　　32
任务热身　　32
企业建言　　32
知识储备　　33
　一、什么是产品市场调查　　33
　二、如何开展新产品上市调查　　33
　三、市场调查计划书的撰写　　36
　四、定性调查与定量调查　　38
实战体验　　40

关于格力空调湖南市场新产品上市的市场调查方案	40
案例分析	**44**
新产品开发中调研的合理使用	44
实训练习	**46**
烧仙草产品上市调查	46

项目三　调查市场需求量　　49

学习目标	**49**
项目背景	**50**
任务热身	**50**
企业建言	**50**
知识储备	**50**
一、市场需求及市场需求总量的概念	50
二、市场需求量调查的内容	50
三、市场需求量的影响因素调查	51
四、实验法、问卷调查法、网络调查法	52
实战体验	**56**
××休闲服装的市场需求调查	56
案例分析	**63**
新能源汽车消费市场需求及影响调查报告分析	63
实训练习	**65**
实训一　需求量变化原因分析	65
实训二　中职学生智能手机市场需求调查	65
实训三　与企业专家对话	66

项目四　调查市场供应环境　　69

学习目标	**69**
项目背景	**70**
任务热身	**70**
企业建言	**70**
知识储备	**70**
一、市场供求关系与市场供给的含义	70
二、企业进行市场供应环境调查的原因	70
三、进行市场供应状况调查的时机	71

  四、市场供应环境调查的内容   71
  五、供应商调查的内容   72
  六、供应环境调查的程序   73
  七、调查问卷的基本结构和提问方式   73
 实战体验   76
  我国电脑配件行业发展前景市场调查目录   76
 案例分析   78
  吉利汽车的市场供应环境调查报告   78
 实训练习   80
  实训一　液晶电视供应环境调查   80
  实训二　微信水果店供应商的调查   80
  实训三　包装决策问卷设计   81

项目五　调查消费者心理和行为　　　　　　　　　　83

 学习目标   83
 项目背景   84
 任务热身   84
 企业建言   84
 知识储备   85
  一、消费者心理与消费者行为的概念   85
  二、消费者心理和行为调查的内容   85
  三、影响消费者心理和行为的因素   86
  四、调查问卷的设计   91
 实战体验   96
  大学生旅游消费心理调查   96
 案例分析   99
  案例一　80后、85后、90后消费者心理特点分析   99
  案例二　消费者购买行为的影响因素调查报告   105
 实训练习   109
  实训一　中学生笔记本电脑消费心理及行为调查   109
  实训二　注册"问卷星"调查网站进行网络调查   109

项目六　调查市场营销因素　　　　　　　　　　　　111

 学习目标   111

项目背景	*112*
任务热身	*112*
企业建言	*112*
知识储备	*113*
一、市场营销因素及营销组合的含义	*113*
二、影响市场营销组合的因素	*114*
三、问卷设计的原则和程度	*116*
实战体验	*119*
上海休闲食品市场营销组合因素的调查	*119*
案例分析	*127*
休闲食品营销组合策略主要调查结论	*127*
实训练习	*129*
洗发水广告效果的调查	*129*

项目七　调查市场竞争　　　　　　　　*131*

学习目标	*131*
项目背景	*132*
任务热身	*132*
企业建言	*132*
知识储备	*132*
一、竞争与竞争者的含义	*132*
二、竞争者的类型	*133*
三、竞争对手调查分析	*135*
四、获取竞争对手信息的渠道	*139*
五、竞争对手分析数据库	*140*
六、市场竞争的调查方法	*140*
七、整理市场调查资料与撰写市场调查报告	*140*
实战体验	*143*
国内化妆品行业的市场竞争调查报告	*143*
案例分析	*145*
案例一　"脉动"饮料市场竞争状况分析	*145*
案例二　关于在同济大学周边开设"馨怡书吧"的市场调查报告	*147*
实训练习	*157*
实训一　品牌休闲男装市场竞争调查	*157*
实训二　与企业专家对话	*158*

项目一
进行市场营销环境调查

学习目标

1. 说出市场调查和市场环境调查的含义。
2. 说出市场营销环境调查的必要性。
3. 能设计出市场营销环境调查的调查目的和调查内容。
4. 说出市场营销环境调查的一般方法。

📖 项目背景

张颖和文华是某职业学校市场营销专业应届毕业生,凭借良好的自身素质和扎实的专业知识,他俩应聘到数讯市场调研公司做文员。他们所在的项目一组正为"馨怡"公司实施"关于在大学周边开设音乐书吧的市场环境调查"。

☀ 任务热身

1. 什么是市场调查?
2. 企业为什么要进行市场调查?
3. 市场营销环境调查包括哪些内容?
4. 如何开展市场调查?

📍 企业建言

"没有调查就没有发言权。""要想知道梨子的滋味,必须亲口尝一尝。"企业若想发现市场、占有市场、创造市场,最首要的前提就是要了解市场。这就必须展开市场调查与分析。市场调查应围绕着市场上的新情况、新问题,特别是急需解决的问题展开。

📒 知识储备

一、市场调查的含义

市场调查是指运用科学的方法,系统地收集、整理、分析与企业市场营销问题有关的信息,从而为企业的经营决策提供科学依据的活动。市场调查是企业的重要营销职能之一,是一项系统性的工作。它根据企业所要解决的市场营销问题,通过设计调查计划,根据调查计划的要求收集相关的信息,对收集到的信息进行分析处理,最后向相关的决策部门提供调查报告,为企业的经营决策提供科学依据。

精选观点 1-1

美国市场营销协会(American Marketing Association,AMA)对市场调查的定义:

市场调查是一种通过信息将消费者、顾客和公众与营销者联系起来的职能。这些信息用于识别和确定市场营销机会与问题,产生、提炼和评估营销活动,监督营销绩效,改进人们对营销过程的理解。市场调查明确了解决这些问题所需要的信息,设计了收集信息的方法,管理并实施信息收集过程,分析结果,最后要探讨所得出的结论以及该结论具有的意义。

精选观点 1-2

市场调查是市场营销整个领域中的一个重要元素,它把消费者、客户、公众和营销者通过信息联系起来,具有定义市场机会和发现可能出现的问题,制定、优化营销组合并评估其效果的基本功能。

市场调查是为解决一个特定市场问题而进行的如下的一个过程:

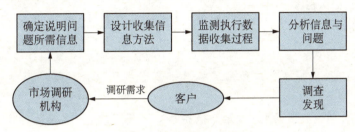

图 1-1　市场调查过程图

二、市场调查的价值

市场调查是为营销者提供信息,帮助他们发现并解决营销问题。
市场调查为企业决策或调整策略提供客观依据。
市场调查可以帮助企业了解影响营销活动的环境因素及其变化发展趋势。
市场调查有利于企业发现市场机会,开拓新市场。
市场调查有利于企业准确地进行市场定位,更好地满足顾客需求,增强竞争力。
市场调查有利于企业建立和完善市场营销信息系统,提高企业的经营管理水平。

精选观点 1-3

营销从调研开始

"无论在哪里开始我们的生意,对消费者需求的调研都是我们工作的切入点。因为需求调研会告诉我们应该向市场推出哪些产品,采取什么配方,以及哪种广告会给我们带来效益。"

"每当我们仔细检讨我们曾经经历的失败时,我们都会得出相同的结论,即失败的原因都无一例外地是因为我们没有深刻、全面地了解消费者所在的市场,以致乐观地估计了风险。"

——宝洁公司原总裁 Smale

企业故事

重视市场调查的李维斯公司

做好市场调查研究,按用户需要进行生产是李维斯公司成功的最主要原因。
19世纪40年代后期,美国加利福尼亚州发现了金矿,掀起了"淘金热潮"。年少的李维·施特劳斯心里也升起了强烈的创造财富的梦想,但他并没有将这一梦想建立在大家蜂拥而起的"淘金"中。他只是从自身的业务出发,去寻找创造财富的机会。一次,他乘船到旧金山推销货物,当时他只带了一些线团之类的日用小商品和一批供淘金者搭帐篷的帆布。下船后李维遇到了一个满脸疲惫的淘金工人,他忙迎上去问:"请问你们这里需要帆布来搭帐篷吗?"那个工人回答说:"我们这里需要的不是帐篷,而是淘金时穿的耐磨、耐穿的帆布裤子,普通的裤子穿几天就破了。"李维听了深受启发,当即请裁缝给那位"淘金者"

图1-2 李维斯的logo

免费做了一条帆布裤子。摸着这条结实又美观的裤子,淘金者露出了满意的笑容。这就是世界上第一条工装裤。这种工装裤后来演变成了风靡世界的服装——Levi's牛仔服。

在李维斯公司的发展历程中,始终坚持搞好市场调查,树立牢固的市场观念,按用户需要组织生产。

根据市场调查和长期积累的经验,李维斯公司认为,应该把青年人作为主要目标市场。为满足青年人的需要,李维斯公司坚持把耐穿、时髦、合体作为开发新产品的主攻方面,力争使自己的产品长期占领青年人服装市场。后来,他们了解到许多美国妇女喜欢穿男牛仔裤。根据这种情况,李维斯公司经过深入调查,设计出适合妇女穿的牛仔裤、便装和裙子,并且销售情况良好。

为了满足市场需要,李维斯公司十分重视对消费心理的分析。1974年,为了拓展欧洲市场,研究市场变化趋势,了解消费者喜好,李维斯公司特意向德国顾客进行了全面的问卷调查,内容涉及"你们穿李维斯的牛仔裤,是要价钱低、样式好,还是合身"等诸多问题。调查结果表明,多数要求首先是"合身"。于是,公司派专人在德国各大学和工厂进行实验。他们将一种颜色的裤子,根据不同的人群,生产出了不同尺寸、不同规格共计45种型号。由于满足了各种体态消费者的需求,因此大大拓展了销路。

公司还根据市场调查获得的各种有关用户的信息资料,找出不足,以此制定出每年的设计计划、生产计划。进入21世纪以来,虽然服装市场竞争相当激烈,但由于李维斯公司积累了相当丰富的市场调查经验,所制定的生产和销售计划同市场实际销售量只差1%—3%,基本做到了产销统一。

目前,李维斯公司的销售网遍及世界70多个国家,他们对所属的生产和销售部门实行统一领导。他们认为产销是一个共同体,工厂和市场之间要建立经常性的联系,使工厂的生产和市场的需求保持统一。为此,公司设立了进行市场调查的专门机构,在国内外进行市场调查,为公司的决策提供有力的依据。

智慧点评:

做好市场调查,分析总结,把市场的需求作为公司的经营目标,这样才能够将市场需求与产供销有机地结合起来,将市场处于自己的掌握之中,从而使公司保持长足的发展势头和良好的前途。

三、市场营销环境调查的内容

市场调查的内容十分广泛,涵盖营销管理活动所涉及的全部领域,企业可根据确定的市场调查目标进行取舍。市场调查的主要内容有:市场营销环境调查、市场产品调查、市场需求调查、市场产品供给调查、市场竞争调查、市场营销因素调查、消费者心理和行为调查等。

市场营销环境是指影响企业开展营销活动的各种因素,包括市场营销宏观环境和市场营销微观环境。这些环境具有普遍性,它对人和企业都会造成影响,是企业不能控制、不能改变,只能适应的因素。市场营销环境调查的主要目的是发现市场机会和可能产生的威胁,以便把握环境变化带来的机会,避免或减轻环境变化造成的不利影响。

市场营销微观环境调查的具体内容有:企业自身因素、供应商、消费者、竞争者和社会公众。市场营销宏观环境调查的具体内容有:人口环境、经济环境、政治法律环境、社会文化环境、自然环境、科学技术环境等。如图1-3所示。

图1-3 市场环境

(一)市场营销宏观环境调查

市场营销宏观环境是相对于市场营销微观环境而言的,是指对企业营销活动有影响的各种社会性因素,具体内容如下:

1. 人口环境调查

人口是市场的第一要素。人口环境调查主要是对人口数量与增长速度、人口地理分布及地区间流动和人口结构进行调查。它们对市场产生深刻的影响,企业应密切关注人口环境的发展动向,抓住市场机会,调整市场营销策略。

2. 经济环境调查

经济环境调查主要是对市场所处的经济发展水平、速度及周期、居民的收入及储蓄和信贷等进行环境调查,企业需要对经济环境变化予以观察,做出正确的分析和预见,以制定正确的市场营销策略。

3. 政治法律环境调查

对于企业而言,政治法律环境主要包括国家的各项政策、方针,政府颁布的各项经济法令、法规等。这些具体的方针政策和法律法规,对市场有直接影响,是市场环境调查必须认真分析和了解的内容。

4. 社会文化环境及自然环境的调查

社会文化环境主要调查的内容有:风俗习惯、宗教信仰、价值观念、社会教育水平、社会价值观念等。自然环境主要是调查原料资源、气候条件、交通条件等。

5. 科学技术环境调查

人类社会的进步,归根到底是因为技术的进步。随着新技术的不断出现,不断形成新的消费领域。新技术在传统行业的应用,不断创造出更多的营销机会。但是盲目追求新技术,会使企业营销风险增加。

(二)市场营销微观环境调查

1. 供应商调查

供应商是向企业及其竞争者提供生产经营所必须的原材料、零部件、能源、劳动力和资金等资源的企业或个人。供应商这一环境因素对企业的营销活动有着重大的影响。供应商提供资源的价格、品种以及交货期,直接制约着公司产品的成本、利润、销售量及生产进度安排。因此,企业既要与主要的供应商建立长期的信用关系,又要避免资源来源的单一化,受制于人。

2. 社会公众调查

社会公众指对一个组织实现其目标的能力有实际的或潜在的兴趣或影响的任何团体。社会公众调查主要针对这些团体的调查。

3. 竞争者调查

竞争者调查主要包括:明确企业面对哪些竞争者,主要的竞争者有哪些,他们采取了怎样的营销策略等。企业必须充分了解竞争者及其策略,做到知己知彼,在竞争中发展壮大。

4. 顾客需求调查

顾客需求调查的内容有:一个地区家庭消费者的经济状况和收入情况,在不同阶段消费者需求有什么特征,消费者的消费习惯及购买心理,消费者对特定品牌或不同商店的态度,在一个家庭中购买商品的提议者、决策者、购买者和使用者分别是谁等内容。

精选观点 1-4

做生意之前需要了解不同民族的不同习俗

在销往中东地区的各种用品中不能含有酒精,这是因为该地区绝大多数的居民笃信伊斯兰教,严禁饮酒;又如,有些地区消费者喜欢标有"进口"或"合资"字样的商品,而另一些地区消费者却可能相反,这种情况一方面与民族感情有关,另一方面也与各国、各民族的保守和开放有关,这些都要通过调查市场环境去掌握。

一般来说,市场调查对市场营销环境的关注,主要集中在宏观营销环境方面。企业制订长期战略发展计划时,经营方向发生重大变化或战略性转移时,对业务进行整合和重组时,发展和开拓新的区域性市场和国际市场时都必须对市场营销环境进行调查,通过对环境的分析,把握环境的变化趋势,增强企业对环境的适应能力。

小资料 1-1

懒蚂蚁效应

日本北海道大学进化生物研究小组对三个分别由 30 只蚂蚁组成的黑蚁群进行活动观察。结果发现,大部分蚂蚁都很勤快地寻找、搬运食物,少数蚂蚁却整日无所事事、东张西望,人们把这少数蚂蚁叫做"懒蚂蚁"。有趣的是,当生物学家在这些"懒蚂蚁"身上做上标记,并且断绝蚁群的食物来源时,那些平时工作很勤快的蚂蚁表现得一筹莫展,而"懒蚂蚁"们则"挺身而出",带领众蚂蚁向它们早已侦察到的新的食物源转移。原来"懒蚂蚁"们把大部分时间花在了"侦察"和"研究"上了。它们能观察到组织的薄弱之处,同时保持对新的食物源的探索状态,从而保证群体不断得到新的食物来源。在蚁群和企业中,"懒蚂蚁"很重要,此现象被称为"懒蚂蚁效应"。

四、开展市场调查的程序

市场调查是企业制定营销计划的基础。组织实施一项市场调查的基本过程如下。

(一) 明确调查背景和调查目标

进行市场调查,首先要明确市场调查的背景和调查目标。

1. 调查背景

调查背景是指市场调查项目开展时要充分考虑的一些背景因素,如政治环境、经济环境、文化环境、科技环境及企业当前的现状等。研究市场问题,必须结合问题产生的背景环境。

2. 调查目标

调查目标也称调查任务,是企业进行市场调查所要达到的具体目标。确定调查目标,就是明确在调查中要解决哪些问题,通过调查要取得哪些资料。在实践中,调查目的的提炼可围绕以下三个方面进行:①为什么要进行调查;②通过调查想要获得什么样的资料;③利用已获得的资料想要做什么。

按照企业的不同需要,市场调查的目标有所不同,企业制定经营战略时,必须调查宏观市场环境的发展变化趋势,尤其要调查所处行业未来的发展状况;企业制定市场营销策略时,要调查市场需求状况,市场竞争状况,消费者购买行为和营销要素情况;当企业在经营中遇到了问题,这时应针对存在的问题和产生的原因进行市场调查。

(二) 设计调查方案

一个完善的市场调查方案一般包括以下几方面内容:

1. 调查目的要求

根据市场调查目标,在调查方案中列出本次市场调查的具体目的要求。例如,本次市场调查的目的是了解某产品的消费者购买行为和消费偏好情况等。

2. 调查对象

市场调查的对象一般为消费者、零售商、批发商。零售商和批发商为经销调查产品的商家,消费者一般为使用该产品的消费群体。在以消费者为调查对象时,要注意到有时某一产品的购买者和使用者并不一致,如对婴儿食品的调查,其调查对象应为孩子的母亲。此外还应注意到一些产品的消费对象主要针对某一特定消费群体或侧重于某一消费群体,这时调查对象应注意选择产品的主要消费群体,如:对于化妆品,调查对象主要选择女性;对于酒类产品,其调查对象主要为男性。

图 1-4 化妆品的调查对象主要选择女性

图 1-5 酒类产品的调查对象主要为男性

3. 调查内容

调查内容是收集资料的依据,是为实现调查目标服务的,可根据市场调查的目的确定具体的调查内容。如调查消费者行为时,可按消费者购买、使用、使用后评价三个方面列出调查的具体内容项目。调查内容的确定要全面、具体、条理清晰、简练,避免面面俱到、内容过多、过于繁琐,避免把与调查目的无关的内容列入其中。

4. 调查问卷

调查问卷是市场调查的基本工具,调查问卷的设计质量直接影响到市场调查的质量。

5. 调查地区范围

调查地区范围应与企业产品销售范围相一致,当在某一城市做市场调查时,调查范围应为整个城市;但由于调查样本数量有限,调查范围不可能遍及城市的每一个地方,一般可根据城市的人口分布情况,主要考虑人口特征中收入、文化程度等因素,在城市中划定若干个小范围调查区域,划分原则是使各区域内的综合情况与城市的总体情况分布一致,将总样本按比例分配到各个区域,在各个区域内实施访问调查。这样可相对缩小调查范围,减少实地访问工作量,提高调查工作效率,减少费用。

6. 样本的抽取

调查样本要在调查对象中抽取,由于调查对象分布范围较广,应制定一个抽样方案,以保证抽取的样本能反映总体情况。样本的抽取数量可根据市场调查的准确程度的要求确定,市场调查结果准确度要求愈高,抽取样本数量应愈多,但调查费用也愈高,一般可根据市场调查结果的用途情况确定适宜的样本数量。实际市场调查中,在一个中等以上规模城市进行市场调查,按调查项目的要求不同,可选择 200—1000 个样本,样本的抽取可采用统计学中的抽样方法。具体抽样时,要注意对抽取样本的人口特征因素的控制,以保证抽取样本的人口特征分布与调查对象总体的人口特征分布相一致。

7. 资料的收集和整理方法

市场调查中,常用的资料收集方法有调查法、观察法和实验法,一般来说,前一种方法适宜于描述性研究,后两种方法适宜于探测性研究。企业做市场调查时,采用调查法较为普遍,调查法又可分为面谈法、电话调查法、邮寄法、留置法等。这几种调查方法各有优缺点,适用于不同的调查场合,企业可根据实际调研项目的要求来选择。资料的整理方法一般可采用统计学中的方法,利用 Excel 工作表格,可以很方便地对调查表进行统计处理,获得大量的统计数据。

(三) 制定调查工作计划

1. 组织领导及人员配备

建立市场调查项目的组织领导机构,可由企业的市场部或企划部来负责调查项目的组织领导工作,针对调查项目成立市场调查小组,负责项目的具体组织实施工作。

2. 访问员的招聘及培训

访问人员可从高校中的经济管理类专业的大学生中招聘,根据调查项目中完成全部问卷实地访问的时间来确定每个访问员一天可完成的问卷数量,核定需招聘访问员的人数。对访问员须进行必要的培训,培训内容包括:①访问调查的基本方法和技巧;②调查产品的基本情况;③实地调查的工作计划;④调查的要求及要注意的事项。

3. 工作进度

将市场调查项目整个进行过程安排一个时间表,确定各阶段的工作内容及所需时间。市场调查包括以下几个阶段:①调查工作的准备阶段,包括调查表的设计、抽取样本、访问员的招聘及培训等;②实地调查阶段;③问卷的统计处理、分析阶段;④撰写调查报告阶段。

4. 费用预算

市场调查的费用预算主要有调查表设计印刷费、访问员培训费、访问员劳务费礼品费、调查表统计处理费用等。企业应核定市场调查过程中将发生的各项费用支出,合理确定市场调查总的费用预算。

（四）组织实地调查

市场调查的各项准备工作完成后，开始进行问卷的实地调查工作，组织实地调查要做好两方面工作。

1. 做好实地调查的组织领导工作

实地调查是一项较为复杂繁琐的工作。要按照事先划定的调查区域确定每个区域调查样本的数量，访问员的人数，每位访问员应访问样本的数量及访问路线，每个调查区域配备一名督导人员；明确调查人员及访问人员的工作任务和工作职责，做到工作任务落实到位，工作目标、责任明确。当需要对调查样本某些特征进行控制时，要分解到每个访问员，例如，某调查项目，调查样本数 1000 人，要求调查男性 600 人，女性 400 人，调查对象的男女比例为 3∶2，则要求每个访问员所调查样本的男、女比例都应控制为 3∶2，从而保证对总样本中男、女比例的控制。

2. 做好实地调查的协调、控制工作

调查组织人员要及时掌握实地调查的工作进度完成情况，协调好各个访问员间的工作进度；要及时了解访问员在访问中遇到的问题，帮助解决，对于调查中遇到的共性问题，提出统一的解决办法。要做到每天访问调查结束后，访问员首先对填写的问卷进行自查，然后由督导员对问卷进行检查，找出存在的问题，以便在后面的调查中及时改进。

（五）调查资料的整理和分析

实地调查结束后，即进入调查资料的整理和分析阶段，收集好已填写的调查表后，由调查人员对调查表进行逐份检查，剔除不合格的调查表，然后将合格调查表统一编号，以便于调查数据的统计。调查数据的统计可利用 Excel 电子表格软件完成；将调查数据输入计算机，经 Excel 软件运行后，即可获得已列成表格的大量统计数据。利用上述统计结果，就可以按照调查目的的要求，针对调查内容进行全面的分析工作。

五、文案调查法、访问调查法、观察调查法

（一）文案调查法

文案调查法，又称资料查阅法、间接调查法、资料分析法或室内研究法。它是利用企业内部和外部现有的各种信息、情报，对调查内容进行分析研究的一种调查方法。

1. 企业外部资料收集的渠道

（1）统计部门以及各级、各类政府主管部门公布的有关资料。国家统计局和各地方统计局都定期发布统计公报等信息，并定期出版各类统计年鉴，内容包括人口数量、国民收入、居民购买力水平等，这些均是很有权威和价值的信息。

（2）各种经济信息中心、专业信息咨询机构、各行业协会和联合会提供的信息和有关行业情报。

（3）国内外有关的书籍、报纸、杂志所提供的文献资料，包括各种统计资料、广告资料、市场行情和各种预测资料等。

（4）有关生产和经营机构提供的商品目录、广告说明书、专利资料及商品价目表等。各地电台、电视台提供的有关信息。

（5）国内外各种博览会、展销会、交易会、订货会等促销会议以及专业性、学术性经验交流会议上所发放的文件和材料。

2. 企业内部资料收集的渠道

（1）业务资料，包括与调查对象活动有关的各种资料，如订货单、进货单、发货单、合同文本、发票、销售记录、业务员访问报告等。通过对这些资料的了解和分析，可以掌握本企业所生产和经营的商品的供应情况，分地区、分用户的需求变化情况。

（2）统计资料，主要包括各类统计报表，企业生产、销售、库存等各种数据资料，各类统计分析资料等。

（3）财务资料，是由企业财务部门提供的各种财务、会计核算和分析资料，包括生产成本、销售成本、各种商品价格及经营利润等。

（4）企业积累的其他资料，如平时剪报、各种调研报告、经验总结、顾客意见和建议、同业卷宗及有关照片和录像等。这些资料都对市场研究有着一定的参考作用。例如：根据顾客对企业经营、商品质量和售后服务的意见，就可以对如何改进加以研究。

（二）访问调查法

访问调查法，顾名思义就是用访问的形式来获取我们感兴趣的资料的一种常见的调查方法。这是一种最为基本，但是也是最为常见、最为重要的一种调查方法。访问调查法主要有以下几种类型。

1. 面谈调查法

面谈调查法是指调查人员与被调查者面对面直接询问、交谈来获取市场信息资料的方法。按参加面谈的被调查者人数不同分为个人面谈和集体面谈两种形式。

图1-6　面谈调查

（1）个人面谈，是指调查人员面对面询问个别被调查者来收集市场信息资料的方式。这是最方便、最灵活的访问调查法，属于个人访问。个人面谈法比较适用于消费者需求状况，消费者对产品质量、服务态度评价等问题的调查。

（2）集体面谈，也叫集体座谈。集体面谈是指调查者邀请若干被调查者，通过召开座谈会形式，向被调查者了解、收集有关市场信息资料的调查方法。集体面谈的实质是每次都同时访问多个被调查者，因此也称为集体访问。

面谈调查法直接接触被调查者，通过深入询问，能获得较多的第一手市场信息资料，能广泛了解一些市场现象。面谈调查获得的资料比较可靠，因为访问者对访问过程可以通过各种手段加以控制，这就使得访问调查资料的可靠程度大大高于其他方法，这对于市场的分析研究是很有利的；另外，面谈调查法具有很强的灵活性，一般能适用各种内容的调查。

面谈调查法的局限性是调查对象不能广泛；调查花费时间较长，费用较高；访谈过程很难完全排除主观因素的影响；在面谈调查中，对于一些比较敏感的问题，不宜当面询问。

2. 电话调查

电话调查是指调查人员通过电话向被调查者询问有关内容，来收集市场信息资料的调查方法。电话调查一般以电话簿为基础，进行随机抽样，然后拨通电话来调查。

电话调查的优点有：取得市场信息资料的速度快；节省调查时间和经费；覆盖面广，可以对任何有电话的地区、单位和个人进行调查；电话调查的方式十分方便灵活。

电话调查的缺点是：调查对象不全面，无法收集无电话的那一部分消费者的意见和看法；电话调查只能调查较为简单的问题，不能调查复杂问题，因为电话询问的时间不宜太长。

3. 邮寄调查法

邮寄调查，是指调查人员将设计印刷好的调查问卷通过邮政系统寄给已选定的被调查者，由被调查者按要求填写后再寄回来，调查者根据对调查问卷整理分析，得到市场信息。

邮寄调查法的优点是：空间范围大，调查对象的数量可大大增加，不必受调查者所在地区限制；调查成本较低，只需花费少量邮资和印刷费用，可以节省大量的人力、物力、财力；被调查者有较充分的时间填写问卷。

邮寄调查法的缺点是：问卷回收率较低，寄出的问卷往往不能按期收回；调查所需时间较长。

4. 留置调查法

留置调查，是调查人员将调查问卷当面交给被调查者，并详细说明调查目的和填写要求，留下问卷，由被调查者自行填写，再由调查人员定期收回问卷的一种调查方法。

留置调查的优点是问卷回收率高，被调查者可以当面了解填写问卷的要求，避免由于误解提问内容而产生误差；填写时间较充裕，便于思考回忆。其主要缺点是调查地域范围小；调查费用高。

从方法本身而言，留置调查是介于邮寄调查和面谈调查之间的一种方法，调查问卷设计与邮寄调查相似，但提问方式可以更灵活更具体，因为有不清楚的地方，填写人可当面澄清疑问。

（三）观察调查法

观察调查法，是通过感官或借助观察辅助仪器，有目的、有计划地察看、记录、分析，以获取原始资料和信息的方法，也称实地观察法。观察调查法不同于我们日常生活中的无意识的随意观看，它是一种有目的、有计划、有重点、有内容的调查活动。

如在消费者需求调查中，可以通过对消费者购物时对商品品种、规格、花色、包装、价格等的要求进行观察，从而了解消费者的需求情况；或者调查人员以普通顾客的身份选购商品或接受服务，以了解销售人员或服务人员的服务态度的好坏与服务水平的高低。

> **小资料1-2**
>
> 1. 神秘购物法
>
> 神秘购物法，也称伪装购物法，是一种常用的参与观察法。它是指观察人员扮成购物人员，作为普通消费者进入特定的调查环境（如商场、超市等）进行直接观察的方法。通过神秘购物法，可以观察购物环境、消费者购买情况、服务质量等方面的内容。
>
> 2. 顾客观察法
>
> 顾客观察法是一种常用的非参与观察法。它是指通过观察顾客在营业场所的活动情况，了解顾客的构成、顾客的行为特征、偏好及成交率等重要市场信息资料。观察内容主要包括顾客购物的偏好、顾客对商品价格的反映、顾客对商品性能的评价、顾客对品牌的选择等。

小资料 1-3
如何对营业员售货及服务进行观察

观察方式：通过伪装购物进行观察。

观察内容：

1.观察时间：_____ 2.营业员姓名：_____ 3.消费者购物行为：购物、非购物、退换货物。4.顾客等多久才得到营业员服务？5.您在什么地方找到营业员？6.营业员是否热情地为您服务？7.营业员的举止行为怎样？8.您对营业员外表印象如何？9.您对营业员提供的服务咨询看法如何？10.营业员对商场缺货的处理方法怎样？11.您在观察时，是否有柜长或现场监督在场？12.您下次来购物，还希望找同一位营业员吗？13.是否有其他好的现象和不好的现象？14.对商场营业员有什么好的建议和希望？

小资料 1-4
商业密探的观察

昂得西尔是著名的商业密探，他所在的公司叫恩维罗塞尔市场调查公司。他通常的做法是坐在商店的对面，悄悄观察来往的行人。而此时，在商店里他的属下正努力工作，跟踪在商品架前徘徊的顾客。他们的目的是找出商店生意好坏的原因，了解顾客走进商店以后如何行动，以及为什么许多顾客在对商品进行长时间挑选后还是失望地离开。通过他们的工作给商店提出了许多实际改进意见。例如：一家主要是青少年光顾的音像店，通过调查发现这家商店把磁带放置过高，孩子们往往拿不到。昂得西尔指出应把商品降低放置，结果销售量大大增加。

企业故事

对真维斯专卖店的暗访调查

真维斯在武汉市区开设了20多家专卖店，为了督促各专卖店提高服务质量，真维斯经常派出调查员对各专卖店进行暗访调查，作为评比依据。

神秘人暗访调查表

店铺地址：　　　　　店铺编号：

访问日期：　　　　　进店时间：　　　　　店内顾客人数：

访问员：　　　　　　调查表编号：　　　　总得分：

调查项目	等级	评分标准
一、营业员的礼貌		
1.顾客进店时，有营业员立即面对顾客打招呼	优 良 中 差	有营业员立即面对顾客热情自然地打招呼 有营业员面对顾客打招呼，但不自然、热情 有营业员打招呼，但不面对顾客 不打招呼

续表

调查项目	等级	评分标准
2. 营业员衣着统一、佩戴胸卡、发饰整洁、化妆自然	优 良 中 差	衣着统一、佩戴胸卡、发饰整洁、化妆自然 四项中有一项欠缺 四项中有二项欠缺 四项中有三项以上欠缺或其中一项严重欠缺
3. 营业员各就各位,无倚靠、聊天、干私事现象	优 良 中 差	营业员各就各位,无倚靠、聊天、干私事现象 四项中有一项欠缺 四项中有二项欠缺 四项中有三项以上欠缺或其中一项严重欠缺
4. 能用普通话接待顾客,礼貌用语、面带笑容	优 良 中 差	礼貌用语、面带笑容(顾客讲普通话时,营业员也讲普通话) 有一项欠缺 有二项欠缺 有三项欠缺或其中一项严重欠缺
5. 当顾客只想看看时,营业员没有板起面孔的现象	优 良 中 差	营业员态度热情,并适当推荐一些特色商品 营业员态度热情,但未推荐商品 营业员态度有较大变化,也未推荐商品 营业员板起面孔
6. 收银员的态度和蔼,唱收唱付,并说"谢谢"	优 良 中 差	态度亲切、和蔼,唱收唱付,并说"谢谢" 态度一般,并说"谢谢" 态度一般,不说"谢谢" 态度差
二、营业员的推销技巧		
7. 同停留在货架前挑选货品的顾客主动打招呼并询问其需求	优 良 中 差	店员主动过来打招呼并询问需求 店员主动过来打招呼但不询问需求 店员未主动打招呼,但顾客招呼时,能迅速过来 店员未主动打招呼,当顾客招呼一遍以上时才过来
8. 主动热情地介绍商品的特性、面料及洗涤方式	优 良 中 差	全面详细地介绍商品的特性、面料及洗涤方式 顾客询问后,一问二答或以上 顾客询问后,被动解答,一问一答 顾客询问后,因反感而不答
9. 鼓励顾客试穿,乐意陪顾客到试衣间,并将待试服装为顾客准备好	优 良 中 差	鼓励顾客试穿,陪同顾客到试衣室,并将待试的服装准备好 鼓励顾客试穿,陪同顾客到试衣室,但未将待试服装准备好 不鼓励顾客试穿,顾客提出试穿后同意顾客试穿,但不陪同顾客到试衣室 不鼓励顾客试穿,也不同意顾客试穿
10. 告诉顾客售后服务的内容,包括:免费修改裤长、更换颜色、尺码等	优 良 中 差	主动告诉顾客全部售后服务的内容 告诉顾客二项售后服务内容 告诉顾客一项售后服务内容 未告诉顾客售后服务内容

续表

调查项目	等级	评分标准
11. 如果服装不合适,则主动、热情地给顾客更换或介绍其他商品给顾客试穿	优	若顾客提出不合适,主动征询不合适原因,并能提供相应的合适货品给顾客
	良	若顾客提出不合适,没有征询不合适原因,就为其提供其他货品
	中	若顾客提出不合适,让顾客自己挑选其他货品
	差	若顾客提出不合适,收回货品,不予理睬,或强行推销该货品
12. 如试穿满意,顺便向顾客介绍、配搭其他商品和饰品	优	主动介绍并主动引导顾客配搭其他货品
	良	未主动为顾客配搭,当顾客提出配搭要求后,能热情帮助配搭
	中	顾客提出配搭要求后,不情不愿地寻找相应货品
	差	顾客提出配搭要求后,没有反应
13. 服饰配搭恰到好处,令顾客满意	优	服饰配搭恰到好处,顾客非常满意
	良	服饰配搭水平较好,顾客比较满意
	中	服饰配搭水平一般,顾客可以接受
	差	服饰配搭水平太差,顾客不能接受
14. 在不需同时接待其他顾客时,陪同顾客到收银处付款,并说致谢语	优	陪同顾客付款,并说致谢语
	良	陪同顾客付款,不说致谢语
	中	让顾客自己去付款,说致谢语
	差	让顾客自己去付款,不说致谢语
15. 顾客离店时,有营业员能立即主动地对每位离店顾客说送别语	优	顾客离店时,营业员热情、自然地招呼
	良	顾客离店时,营业员打招呼,但不热情
	中	有营业员偶尔对个别离店顾客打招呼
	差	不打招呼
三、购物环境		
16. 在收银台附近,整洁摆放或张贴着"顾客服务热线"的标牌	优	店内收银台附近有标牌,且很整洁
	良	店内收银台附近有标牌,但不够整洁
	中	店内收银台附近有标牌,但很脏
	差	无标牌
17. 店内货架、橱窗、门面招牌、地面整洁	优	店内货架、橱窗、门面招牌、地面整洁
	良	一项欠缺
	中	二项欠缺
	差	三项或四项欠缺,或有一项严重损害商店形象
18. 货品摆放整齐,货架不空置,货品及模特无污渍、无损坏	优	货品摆放有条不紊,分门别类,货架不空置,货品及模特无污渍、无损坏
	良	有一个货架(或货品、模特)未达到要求
	中	有两个货架(或货品、模特)未达到要求
	差	货品乱放,或三个以上货品及模特有污渍、有损坏

续表

调查项目	等级	评分标准
19. 试衣间整洁、门锁安全、设施齐全(配备衣钩、拖鞋)	优 良 中 差	试衣间整洁、门锁安全、设施齐全 三项中有一项欠缺 三项中有二项欠缺 三项均有欠缺或一项以上严重欠缺
20. 灯光明亮、音响适中、温度适宜、走道通畅(无杂物堆放)	优 良 中 差	灯光充足、音响适中、温度适宜、走道畅通(无杂物堆放) 四项中有一项有欠缺 四项中有二项有欠缺 四项中有三项或四项有欠缺,或有一项以上严重欠缺

说明:① 对每项调查内容,优 5 分、良 4 分、中 3 分、差 1 分,满分 100 分。
② 为使得调查顺利、有效地进行,可参考如下操作流程图。

暗访调查操作流程图

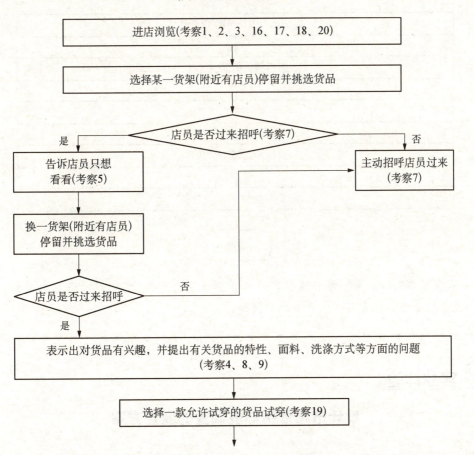

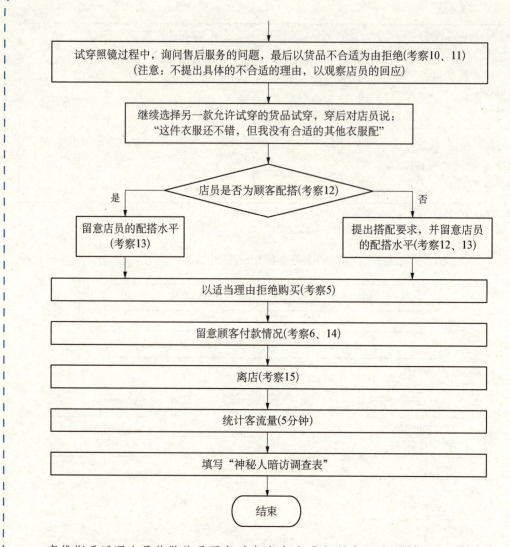

真维斯委派调查员装做普通顾客对各专卖店进行调查评分,根据评分结果给予奖惩,有力地促进了各专卖店服务水平的提高。

实战体验

设计市场营销环境调查的调查方案

数讯市场调研公司项目一组与项目委托方"馨怡"公司进行了详细的沟通,首先了解了调查的背景,并据此设计出了本次市场营销环境调查的调查目的及调查内容。

1. 确定调查背景

随着经济的快速发展和人们生活水平的提高,咖啡已经成为一种代表时尚潮流的消费品。"馨怡"公司就是某市知名的连锁咖啡经营企业。但是在城市经济发展的同时,人们的生活节奏越来越快,压力越来越大,在每天繁忙的工作学习之余,人们都希望有一处安静、温馨、休闲的场所,暂时远离城市的喧嚣,来一杯香浓的咖啡或者茶点细细品味,选一本喜欢的书或杂志翻翻,欣赏飘荡在空气中轻快的音乐,和朋友闲聊聚会……这就是一种集图书馆、书店、饮品店的优点于一身的新型休闲场所——音乐书吧。但目前音乐书吧这个行业存在规模差异大、服务项目单一、品牌定位不清晰等问题。因此,"馨怡"公司希望在大学城周边开设一家中高档次、规模化经营的音乐书吧。在音乐书吧里,人们可以在喝茶、喝咖啡、聊天的同时翻翻时尚杂志或流行小说;在舒缓的音乐中,忘记工作的疲劳和学习的压力,放松身心。音乐书吧同时也是师生交流、朋友聚会的好地方。

"馨怡"公司能否对目前的市场环境有一个清晰的认识,能否寻找到品牌的市场空间和出路,取决于正确的市场定位和市场策略,而正确的市场定位和市场策略是从现有市场中发现机会。因此只有对市场进行深入的了解和分析,才能进行投资可行性分析,才能确定如何进行产品定位,如何制定价格策略、促销策略等,从而使公司成功进入市场。

2. 确定调查目的

为"馨怡"公司在大学周边开设音乐书吧市场提供营销环境方面的客观依据。

3. 设计调查内容

(1) 了解该市及大学周边的经济环境和社会文化环境。
(2) 了解大学周边的人口环境及其收入和消费水平。
(3) 了解该市书吧市场行业发展状况及发展趋势。

4. 选择调查方法

市场营销环境的调查方法以文案调查法为主,辅以访问法、观察法。

其他(略)。

案例分析

案例一 农夫山泉的市场营销环境分析

思考:

1. 农夫山泉公司进行了哪些方面的市场营销环境调查?
2. 根据农夫山泉市场营销环境的调查结果,对其所处的市场营销环境进行 SWOT 分析。
3. 市场营销环境调查对农夫山泉的经营有何意义?

农夫山泉已成为国内最著名的饮用水品牌之一,其目标是加入世界最优秀的专业饮用水公司行列,成为中国最具竞争力的饮用水企业。农夫山泉公司非常重视市场调查,为了更好地实行其营销策略,该公司委托专业调研公司对其市场营销环境进行了调查,其结果如下:

一、市场营销宏观环境

(一) 人口环境

(1) 庞大的人口基数提供较大的潜在市场存在可能,中国是世界上人口最多的国家,目前人口达到14亿左右,人口基数庞大,为农夫山泉提供了广阔的市场空间;

(2) 随着人们生活水平的提高,对饮用水的要求也越来越高,而农夫山泉在这个大背景下,必将得到人们更多的关注;

图1-7 农夫山泉产品

(3) 农夫山泉主攻的市场,如上海和杭州都是沿海的大城市,人口密度大,地缘位置相近,两地的人口流动频繁,给宣传带来便利;

(4) 长三角的居民有着较强的购买力,饮用水是不论男女老少都需要的产品,有广阔的市场需求。

(二) 经济环境

我国经济增长放缓,经济结构从出口和房地产向消费升级的调整和转型,国家对拉动内需更加重视,这将进一步促进国内市场容量的持续稳定增长;另外中国人均消费瓶装水的水平依然较低,增长空间依然很大。从行业状况来看,行业依然保持着较快的增长,由于基数较大,增长的绝对市场容量依然很大,而与此相应的是,瓶装饮料依然还有巨大的发展空间,行业的成长性和企业的成长性依然值得期待。

消费者收入正稳步增长,消费能力也逐渐增强。目前人口城市化水平还很低,随着人口城市化比例的提高,消费支出将会更多,瓶装饮料的需求也会增加,我国消费市场的容量会更巨大。

(三) 政策环境

农夫山泉在国家一级水资源保护区千岛湖、吉林长白山矿泉水保护区建成三座现代化的饮用水生产基地,这些基地除了有农夫山泉自身的保护外,还得到了国家的保护。

政府对于公众健康的关注,加大对劣质水的打击,同时宣扬优质水对人体有帮助,让人们更加关注天然水。

(四) 技术环境

科学技术的发展为我们的商品市场带来了巨大的变化,在日新月异的科技创新环境下,市场营销和科技的联系日益紧密。科技改变和拓展了向消费者传送产品的手段和渠道,使得营销策略多元化,电子、通讯、互联网技术的发展使企业能够提高信息传输的速度,提供了产品营销的新渠道。除了传统的渠道以外,农夫山泉公司还开辟了网上商城、微博等网络营销渠道,使得销售覆盖面积扩大,也符合了更多年轻人的消费习惯。

技术的发展一方面降低了产品的生产成本,从而使价格下降;另一方面,信息技术的发展也使信息反馈更加迅捷,使得企业能够及时根据市场信息反馈制定正确的定价决策。技术的发展带来了媒体的发展,拓展了企业的广告宣传方式,特别是网络的发展,给企业的促销活动提供了广阔的空间。

(五) 自然环境

(1) 自然资源有枯竭的时候,作为天然水的农夫山泉,总有用完的一天;

(2) 随着全球环境问题的日益严重,环境因素成为一个不得不重点考虑的方面,政府加强

对自然资源管理的干预,要求企业承担更多的社会责任;

(3) 随着人们环保意识的提升,环保的理念对于产品的设计以及营销模式的选择产生了重要的影响。瓶装饮料包装会造成白色污染,设计环保的包装、进行包装的回收利用是农夫山泉公司必须面对的。

二、主要竞争对手

(一) 娃哈哈
中国规模最大、效益最好的饮料企业,销售渠道网络覆盖全国各个角落,终端铺货率非常高。

(二) 昆仑山
定位于高端消费人群,强调天然、健康、高档,塑造来自雪山天然矿泉水高档、活力的品牌形象。

(三) 康师傅
主打矿物质水,矿泉水销量第一,实行低价策略,在低端市场占有非常大的优势。

(四) 景田百岁山
定位中高端消费人群,强调高质量、高安全、自然,大力进行电视广告宣传,奠定高贵的品牌形象。除利用传统渠道,还进行网络与电话订购。

(五) 华润怡宝
1990年,华润怡宝在国内率先推出纯净水,是国内最早专业化生产包装饮用水的企业之一,主营"怡寳"牌系列包装饮用水,始终坚持以带给消费者健康、时尚的生活体验作为其品牌的精神内涵。

(六) 雀巢
定位中端,同为国际品牌,质量较有保障。

(七) 依云
定位高端,原产于法国,因曾治愈了国王的结石病而名声远扬。女性饮用者较多。

图1-8 "怡寳"牌系列饮用水

三、瓶装水行业未来竞争趋势

(一) 市场细分更加精细
瓶装水市场目前正式进入多元化发展阶段,人工苏打水、天然矿泉水、富氧水、有机水等概念型新产品也不断出现。尤其从2008年开始,苏打水类瓶装水开始迅速发展,同时,富氧水、柠檬水等概念型产品逐渐形成规模。下一步产品研发的主要方向集中于"净化+健康",即在净化的同时强调水的营养功能。

(二) 高端市场才是利润之源
随着人们生活水平提高,价格对购买决策的影响越来越小,消费者更看重水的品质与健康,品牌文化等。异常激烈的价格竞争也促使企业开始寻求发展的蓝海,高端市场的开发就成为必然的选择。

四、企业内部环境
(1) 农夫山泉相继在国家一级水资源保护区千岛湖、吉林长白山矿泉水保护区建成三座

现代化的饮用水生产基地,提供优质水源;
(2) 农夫山泉长期赞助体育活动,为其树立了良好的正面形象,提高知名度;
(3) 农夫山泉只有一个灌装厂,运输半径太长,成本比竞争对手高出许多;
(4) 农夫山泉对销售和经销商渠道建设不太在行。

案例二　屈臣氏的市场营销宏观环境分析

思考:
1. 屈臣氏进行了哪些方面的市场营销环境调查?
2. 根据屈臣氏市场营销环境的调查结果,分析其采用的调查方法。
3. 市场营销环境调查对屈臣氏的经营有何意义?

一、人口环境

众所周知,杭州是一个人口大市。现在经济发展越来越快,人们生活水平越来越高,对日常生活品的需求量越来越大。人们对高效生活的不断追求,在一定程度上提升了人们对生活品质的需求。

(一) 人口数量

2009年末杭州市常住人口达810万人,比上年末增加13.4万人。其中户籍人口683.38万人,比上年末增加5.74万人。在户籍人口中,农业人口328.9万人,非农业人口354.48万人。按公安部门统计的全市人口出生率为9.18‰,人口自然增长率为3.42‰。

(二) 人口结构

杭州是汉族聚居、少数民族散杂居的地区。1982年全国第三次人口普查时,全市有汉、畲、回、满、蒙古、壮、苗、朝鲜、侗、土家、布依、高山、傣、瑶、彝、佤、水、维吾尔、白、达斡尔、藏、黎、塔塔尔、傈僳、纳西、锡伯、俄罗斯等27个民族,总人口526.04万人。除汉族以外的26个少数民族人口13383人,占全市总人口的0.25%。

图1-9　屈臣氏店面

杭州有道教、佛教、伊斯兰教、天主教和基督教五个宗教,除道教外,其他各教均系国际性宗教。

(三) 教育结构

市属高校6所,全市中小学共有807所[其中小学417所,初中(含九年一贯制)252所,普通高中(含完全中学)75所,中等职业学校(含职高、中专、技校)63所]。全市共有专修学院14所,社区学院 13 所,社区学校 165 所,乡镇成人文化技术学校 192 所,民办培训学校(教育机构)258 所。

市教育局直属学校共 24 所,其中普通高中 14 所,在校学生 21852 人,教职工 2258 人;中等职业学校 8 所,在校学生 15249 人,教职工 1138 人;聋人学校 1 所,在校学生 342 人,教职工 90 人;工读学校 1 所,在校学生 270 人,教职工 47 人。

二、经济环境

经济环境作为构成市场的要素之一,是市场分析必须研究的问题,在市场营销策略的研究中具有十分重要的地位。

(一) 经济发展水平

初步核算,2009 年全市实现生产总值(GDP)5098.66 亿元,按可比价格计算,比上年增长 10.0%,连续 19 年保持两位数增长。全市按常住人口计算的人均 GDP 为 63471 元,按户籍人口计算的人均 GDP 为 74924 元,分别增长 8.4% 和 9.1%,按国家公布的 2009 年平均汇率计算,分别达 9292 美元和 10968 美元。

(二) 经济形势

全市上下认真贯彻科学发展观,在市委的正确领导下,积极应对国际金融危机,实施一揽子政策措施,全力保增长、扩内需、调结构、增活力、重民生,实现了经济平稳较快发展,社会保持和谐稳定。

杭州市实现生产总值 5098.66 亿元,增长 10%;服务业增加值增长 13.9%,工业增加值增长 6.0%;三次产业比重为 3.7∶47.8∶48.5;财政总收入 1019.43 亿元,增长 12%,其中地方财政收入 520.79 亿元,增长 14.4%;全社会固定资产投资 2291.65 亿元,增长 15.7%;社会消费品零售总额 1804.93 亿元,增长 15.8%;全社会研究开发投入占生产总值比重达 2.6%;万元生产总值综合能耗下降 5% 以上;化学需氧量和二氧化硫年排放量分别减少 3%;市区城镇居民人均可支配收入 26864 元,农村居民人均纯收入 11822 元,分别增长 11.5% 和 10.6%;市区居民消费价格指数为 98.6;新增就业人数 23.52 万人,城镇登记失业率为 2.99%;人口自然增长率为 3.42%。

(三) 购买力水平

1. 消费者收入

浙江省统计部门公布数据,2009 年,按常住人口计算,浙江省人均 GDP 为 6490 美元,列上海、北京、天津三个直辖市之后,居全国第 4 位和各省区第 1 位。而在全省 11 个市当中,杭州人均 GDP 为 9292 美元,居全省首位,高出省平均水平 2800 美元,高于去年北京的水平。更为值得一提的是,2009 年杭州人均收入增幅要大于人均 GDP 的增幅。

市区城镇居民人均可支配收入 16601 元,比上年增长 14.0%,扣除价格因素,实际增长 12.1%;农村居民人均纯收入 7655 元,比上年增长 10.1%,扣除价格因素,实际增长 7.2%。杭州已经步入中等收入国家平均水平的行列。

2. 消费者支出模式和消费结构

城镇居民家庭恩格尔系数 35.8%(富裕水平),农村居民家庭恩格尔系数 43.0%(小康水平)。

三、社会文化环境

(一) 价值观念

一方面,浙江历史上的许多著名的政治家、思想家都有注重工商的新思想、新观念。这些观念和思想是浙江人在长期实践中形成的价值观念和行为方式的集中反映,并成为浙江区域文化的一个特色。正是这种文化传统的长期熏陶,逐步形成了浙江人精明的商业头脑和务实的群体性格。另一方面,浙江东临大海,悠久的通商口岸引来了海洋文化的新观念。这些外来贸易和文化,对于打破传统自给自足的自然经济思想、开发市场经济理念起到了潜移默化的作用,形成了浙江人开拓进取的创新意识、博采众长的开放心态。

(二) 风俗习惯
长期以来形成积蓄习惯,注重商品的实用性。

(三) 社会阶层
浙江的社会阶层结构类型呈现为"葫芦型",阶层利益分布未出现"断裂化"或明显的"层级化"的层级区隔。

四、科技环境
目前化妆品产业正从深度和广度两方面快速进展,并将成为科技应用的新兴行业。
(1)生物医学美容;(2)中草药美容;(3)纳米技术应用。

五、自然环境
化妆品制造业属于化学工业,对于国内一些相关化工产品制造商来说,只要具有化工制造背景,转投化妆品业界应不难;同时化妆品制造业为一高附加值的产业,社会无须为其支付太多的能源与环保成本。

案例三　清风纸业的市场营销宏观环境分析

思考：

请根据清风纸业的市场营销宏观环境调查结果,对其所处的市场营销宏观环境进行SWOT分析。

一、人口环境

(一) 消费量
发展中国家随着经济发展,人口素质不断提高,文化教育水平的提升使人们的思维方式也产生了很大的改变,大批新兴发展中国家的人对时尚便捷的手帕纸产生了兴趣。众所周知,中国是世界第一大人口大国,对于消费产品的需求量是很大的。纸质产品作为生活必需品,在生活消费产品中也占据了一定的比重。近年来,我国生活用纸产量和消费量快速增长,每年约以8%左右的速度上升。中国的生活用纸市场随经济发展、人口增加和人民生活质量的提高而快速增加。上世纪90年代末到2009年这10年的时间,我国生活用纸产量平均每年同比增长5%左右。

(二) 消费者
1. 销售对象

纸巾的销售对象多数为年轻女性,年龄在18—30岁之间。

2. 主要销售地区

纸巾的主要销售地区在城市,主要是因为城市居民收入比较高,人口密度大,同时城市居民的思想观念比较前卫,乐于追求清新自然的时尚感。

3. 主要销售时间

纸巾的销售具有季节性,一般来说冬季属于淡季,而春、夏、秋三季的销售量比较高。原因主要是人们在这三个季节外出活动比较频繁,对纸巾的需求较大。

4. 价格要求

主要集中于中等价位。

5. 品牌忠诚度

调查显示,64.1%的消费者对品牌的忠诚度不高,他们在购买过程中并不会一直购买一个品牌的纸巾。在购买的过程中主要由产品促销和价格,以及货架的摆放位置影响其购买什么品牌的纸巾。

6. 影响购买因素

消费者对纸巾的价格比较敏感。但是不同收入的人群对价格敏感的程度不同,收入水平低的消费者价格敏感度比较高;不同消费者对品牌的敏感度不同,收入水平高的消费者一般对品牌的敏感度比较高,在购买纸巾时一般会选择品牌纸巾;一般消费者会选择在方便的地点购买纸巾,多会选择便利店以及超市;消费者在购买纸巾时受广告的影响比较小,只有12.8%的消费者在购买纸巾时会受广告影响。

二、经济环境

清风品牌隶属于金红叶纸业集团。在区域化经济组织的背景下,金红叶纸业的生产销售受到了一定的保护作用,东盟"10+3"、亚太经合组织等为清风手帕纸的对外贸易尤其是在亚洲的贸易提供了良好的保障。但在经济全球化的同时,开放的国际国内市场又使清风面临着与其他纸业集团的激烈竞争。

中国目前大约有4000多家纸业企业,大的有300多家,而产量能达到10万吨的企业只有12家。做高档卫生纸的企业就更少,前10名加起来市场占有率也不高。而在国外,卫生纸

图1-10 清风品牌

的品牌非常集中,在美国是3个品牌包揽市场,在欧洲3个品牌也是占了90%的市场。中国生活用纸行业正处于从现有工业过渡到大工业的阶段,规模化、集约化生产的趋势明显。目前,恒安集团、金红叶集团、中顺纸业等都在上新的项目扩大产能,规划目标均为年产30万吨。还有一些原本不生产生活用纸的企业如恒利集团、潜力集团等开始进入该领域。正在建设和计划建设的生活用纸项目集中,机器设备的现代化水平大大提高,大企业间为保持和扩大市场份额的竞争将日趋激烈,挑战和机遇并存。

三、自然环境

金红叶纸业是生产系列生活用纸的公司。他们从进料到产品出厂的制造、服务及各项活动过程中,耗用了大量的水、电、气、纸浆等资源,并产生了大量液固态废弃物,造成环境的冲击。从现代文明先进国家的经验来看,工商业发展的过程中,对于整体的生态环链,如未具宏观的洞察力,并及早做好因应措施,会造成环境的破坏,危及当地乃至全人类的生存。基于互利共生的概念,他们也主张应对现有的生态环境,善尽保护的责任和义务。

金红叶纸业以"植树造林、造福自然,制浆造纸、造福人类"为经营宗旨,亦以此为努力的目

标。在产销经营过程中,严格遵守环保法规的要求;寻求节能降耗相关技术,回收可利用资源;改进制程,减少废水、废弃物的产生;建立并推动环境目标方案,促进环境管理体系的有效运行。经过一系列的环境治理措施已将污染降到最低。

四、政治法律环境

党和政府的支持将有助于"林、浆、纸一体化"的推进,有利于造纸业更好的发展。

五、科学技术环境

产业升级和循环经济发展为再生纸制造业带来广阔的发展前景。国家的产业导向政策与环保措施相结合,促进造纸业调整原料结构、革新生产工艺,实现产业的升级换代。金红叶纸业有限公司已通过 ISO9001 质量管理体系认证,并获得海关 A 类企业资格。公司秉持"挑战极限,追求完美"的管理理念,实现"绿色造纸"、经济效益、社会效益和生态效益的同步发展,以生态平衡、环境保护为企业文化;以科技植树、环保造纸为经营理念;以制造优质生活纸品,创造优质生活为愿景;以创造健康生活品质为使命,将致力于成为中国乃至全世界最受欢迎的生活用纸公司。公司已与海南金海浆纸业有限公司发展成为林、浆、纸一体化的特大型联合企业,成为世界造纸行业中的标杆企业。

六、社会文化环境

金红叶纸业经营 3C 哲学——Clean 清洁、Care 关爱、Comfort 舒适。
Clean:清洁生产,绿色循环;Care:关爱不止,加倍呵护;Comfort:舒适体验,优质生活。

案例四 中国移动市场营销环境分析

思考:
1. 对中国移动面临的人口环境分析,说明了什么?
2. 一个地区的经济发展状况如何影响移动通信企业的经营?
3. 为何供应商对移动通信企业的市场营销活动影响很大?
4. 移动通信企业对中间商应实行什么策略?
5. 为什么说顾客是企业最重要的环境因素?影响顾客购买移动通信产品的主要因素有哪些?

一、市场营销宏观环境

(一)人口因素

移动通信市场是由有购买欲望同时又有支付能力的人构成的,人口的多少直接影响市场的潜在容量。人口环境包括 4 个方面:

1. 人口总量

我国是一个人口大国,拥有近 14 亿人口。随着国内社会主义市场经济的迅速发展,人民收入不断提高,人民群众对移动通信的需求也越来越旺盛。因而,移动通信市场潜力非常巨大。

2. 年龄结构

根据我国 1997 年人口抽样调查数据,我国 15—64 岁人口占总人口的比重为 67.92%,这个年龄段的人是移动通信的主要用户。

3. 地理分布

居住于不同地区的人群,由于地理环境、自然资源、经济收入、风俗习惯的不同,使得人口的流动性和对外联系的频繁度有所不同。相比而言,城市人口由于收入较高,对外联系频繁,因而市场密度大,结构复杂,对移动通信的服务需求较旺,层次较高。而农村人口由于经济收入的限制,需求层次较低。但随着乡镇企业的发展和农民生活水平的提高,农村市场开发潜力巨大。

4. 人口性别

性别差异影响消费者需求,并导致购买习惯和购买行为的差别。一般说来,我国男性与外界的联系较多,对移动通信服务的需求较旺;女性对外界联系少于男性,对移动通信服务的需求相对较弱。随着移动通信技术的发展,移动通信的便利性已吸引了越来越多的女性使用手机,因而,女性用户群是目前迅速增长的细分市场。

(二) 经济环境

经济环境指影响移动通信服务产品市场营销方式与规模的经济因素,包括消费者收入与支出状况,经济发展状况等。经济因素直接影响了潜在用户对移动通信服务产品的购买和使用。各因素的影响如下:

1. 消费者收入与支出状况

对于移动通信产品来说,消费者个人收入越高,需求就越大。随着消费者收入的变化,支出模式与消费结构也发生相应变化。收入增加时,食物支出所占的比率趋向减少,教育、卫生与休闲支出比率迅速上升。食物支出占总支出的比例称为恩格尔系数。恩格尔系数越大,生活水平越低;恩格尔系数越小,生活水平越高。联合国依据恩格尔系数划分的贫困与富裕的标准为:

表 1-1 恩格尔系数与贫富标准

恩格尔系数	59%以上	50%—59%	40%—50%	30%—40%	30%以下
贫富标准	绝对贫困	勉强度日	小康水平	富裕	最富裕

根据以上标准,移动通信企业可以将恩格尔系数小于 50% 的消费者定为目标用户。

2. 经济发展状况

移动通信企业的市场营销活动要受到地区经济发展状况的影响。地区经济发展水平的高低,直接影响企业市场营销活动。在经济发展水平较高的地区,居民对移动通信服务需求较旺盛;在经济发展水平较低的地区,居民对移动通信服务需求较弱且对价格反应敏感。宏观经济形势的好坏,也影响着人们对移动通信产品的需求,宏观经济形势好,人们收入增加,就业率提高,对移动通信服务需求量就上升;反之,宏观经济形势不景气,就业率下降,失业率上升,平均收入下降,人们对移动通信服务需求量就下降。

(三) 自然环境因素

自然环境主要指营销者所需要的或受营销活动所影响的自然资源。由于移动通信企业的市场营销活动提供的是通讯服务,所以受自然因素环境影响较小。

（四）政治法律环境

政治环境指企业市场营销的外部政治形势。安定团结的政治局面，不仅有利于经济的发展和人民收入的增加，而且增强消费者对未来收入增长的预期，导致消费者对移动通信服务需求的上升；而国家对通信行业的保护性政策，如在进入世贸组织时所签订的电信协定，规定了外国电信运营商进入中国市场的时间和参股比率，为国内移动通信企业的发展赢得了宝贵的时间。

法律环境指国家或地方政府颁布的各项法规、法令和条例等。法律环境调节移动通信产品市场消费需求的形成和实现。移动通信企业一方面要严格依法经营，另一方面也可以运用法律手段来保障自身的权益。

（五）科学技术环境

科学技术是第一生产力，科技的发展对经济的发展有巨大的影响，不仅直接影响企业内部的生产和经营，同时还与其他环境因素互相依赖、互相作用，给企业营销活动带来有利与不利的影响。移动通信行业是知识技术密集型行业，技术发展迅猛，升级换代速度较快，新业务、新功能层出不穷。新一代通信技术的运用，为用户提供了更强大的通信服务，为企业拓宽了市场，产生更好的经济效益；也使得移动通信企业目前正在运营的产品，不得不退出市场，从而加重企业负担，缩短企业投资收益期，给市场营销工作提出了更高要求和目标。

（六）社会文化环境

社会文化主要指一个国家或地区的民族特征、价值观念、生活方式、风俗习惯、宗教信仰、伦理道德、教育水平、语言文字等的总和。文化对移动通信企业市场营销的影响是多层次、全方位、渗透性的，对所有营销的参与者有着重大的影响，这些影响多半是通过间接的、潜移默化的方式来进行。

1. 教育水平

消费者受教育的程度不同，影响着消费者对商品的鉴别力和消费心理。一般来讲，受教育程度较高的消费者，对移动通信服务质量的鉴别力也较高，购买时较理性；受教育程度较低的消费者，对移动通信服务的鉴别力稍差，感性认识对购买的影响较大。

2. 价值观念

价值观念指人们对社会生活中各种事物的态度和看法，不同文化背景的人，其价值观念的差异很大，移动通信企业应对不同的价值观念采取不同的营销策略。

3. 消费时潮

由于社会文化多方面的影响，使消费者产生共同的审美观念、生活方式和情趣爱好，从而导致社会需求的一致性，这就是消费时潮。随着移动通信价格的降低，移动通信服务从时尚消费品，已逐渐成为普通生活用品，甚至对某些人来说已成为生活必需品，因而消费时潮的变化，对移动通信的服务质量和标准，提出了更高的要求。

二、市场营销微观环境

移动通信企业的微观环境包括市场营销渠道企业、顾客、竞争者和公众。企业的市场营销活动能否成功，除营销部门本身的因素外，还要受这些因素的直接影响。

（一）市场营销渠道企业

1. 供应商

供应商指向企业及其竞争对手提供生产经营所需资源的企业或个人，包括供应原材料、零配件、设备、能源、劳务、资金等。供应商对移动通信企业的市场营销业务有重要的影响。供应商所提供的移动通信设备的好坏,直接影响到移动通信服务质量,而设备的价格、维护成本的高低则直接影响通信企业的投资回收期,进而影响移动通信服务成本价格和利润。而为移动通信企业提供增值业务内容的服务商,其所提供增值业务内容质量的高低,直接影响移动通信企业增值业务的收入和顾客对企业的评价。因此,供应商对于移动通信企业的市场营销活动的影响很大,企业应保持与供应商的良好关系。对于设备供应商,企业应严格检查其所提供设备的质量和性能,抓好供应商对企业的售后培训,在售后服务时限上提出明确要求,以保证通信质量;对增值信息内容提供商,对其为用户提供的信息内容要严格把关,在内容丰富多彩的基础上,要注意其内容的合法性、健康性,杜绝向用户发送不健康及违法信息,从而维护企业声誉和形象。

2. 中间商

中间商指协助企业促销、销售和经销其产品给最终购买者的机构,包括实体分配公司、营销服务机构和财务中介机构。中间商是移动通信企业市场营销活动的重要合作伙伴,一方面中间商依靠销售或促销企业的移动通信产品,取得佣金收入,与企业共同发展;另一方面,中间商又存在有别于移动通信企业的自身利益,这些利益中的一部分与移动通信企业的利益相冲突,在利益的驱动下,中间商有可能做出违背移动通信企业市场营销政策的行为,影响企业营销战略的实施和推广,因而移动通信企业应对中间商实行既扶持又管理的策略。

(二)顾客

顾客就是企业的目标市场,是企业服务的对象,也是营销活动的出发点和归宿。企业的一切营销活动都应以满足顾客需要为中心。因此顾客是企业最重要的环境因素。影响顾客购买的移动通信产品因素主要有三种:消费偏好、对价格的预期心理和相关电信产品的购买量。

消费偏好是指消费者在与周围环境的接触中,对某事物产生的一种偏爱。移动通信产品的购买较易受心理因素的影响,一种时尚的流行,某种群体行为的影响,都可能产生很大的趋同效应,促成顾客主动地、不加思考的购买。因此,移动通信企业的市场营销人员应正确地分析目标市场顾客的心理特征,注意其不同个性和差别,对不同的目标市场,有针对性地进行广告促销,努力培养其偏好,扩大移动通信市场需求。

顾客对价格的预期心理,是顾客对自己拟购买的移动通信产品的价格在未来的一定时期涨、跌的内心判断。当顾客拟购买某种移动通信产品时,一旦市场上该商品价格发生波动,当顾客预期价格将进一步上涨时,他们就会提前购买,从而扩大了一定时期内的需求量;当他们预期价格在不远的将来可能下降时,就可能推迟购买,这样便减少了一定时期内的需求量。对移动通信企业而言,价格战将导致顾客产生降价预期,从而对企业的市场营销产生不利影响,因此,移动通信企业应尽量避免价格战。

相关电信产品购买量的变化,会引起移动通信产品的需求量的变化。移动通信产品与其他电信产品如固定电话之间既存在相互替代的替代品关系,又存在相互连带的互补品关系。主要表现在一方面移动通信消费代替了固定电话的消费,因而移动通信消费量的增加,会使得固定电话用户的减少;另一方面,移动通信的消费又与固定电话的消费具有连带性,移动通信消费量提高,则移动通信用户与固定电话用户的联系增加,从而带动固定电话的消费量的上升。

(三) 竞争者

移动通信市场属典型的寡头垄断市场。一个企业要想比其他企业做得更好,必须识别和战胜竞争对手,才能在顾客心目中强有力地确定其所提供产品的地位,以获取战略优势。移动通信企业由于其提供通信产品的同质性较强,差异性较弱,因而其竞争多属于品牌竞争。企业应加强产品差异化宣传,以获得更大市场。

(四) 社会公众

对移动通信企业而言,有以下社会公众:

1. 融资公众

指影响企业融资能力的金融机构,如银行、保险公司。企业应稳健地运用资金,在融资公众中树立信誉。

2. 媒介公众

主要指报纸、杂志、广播、电视等大众传播媒体。移动通信企业应与媒体组织建立友善关系,争取有更多更好的有利于本企业的新闻、特写以至社论,即使遇到突发的危机事件,企业也能从容地进行危机公关,以度过危机。

3. 政府公众

指负责管理移动通信业务的有关政府机构。移动通信企业的发展战略和市场营销计划,必须同政府主管部门的行业发展计划、产业政策、法律规定相一致,在其具体的市场营销活动中,也应注意要在法律许可的范围之内进行,尽量争得政府支持。

4. 社团公众

包括保护消费者权益组织、环保组织及其他群众团体等。移动通信企业的市场营销活动关系到社会各方面的切身利益,必须密切注意来自社团公众的批评和意见。

5. 社区公众

指企业所在地附近的居民和社区组织。移动通信企业必须注重保持与当地公众的良好关系,积极支持社区的重大活动,为社区发展贡献力量,争取社区公众理解和支持企业的营销活动。

6. 一般公众

指上述各公众之外的社会公众。一般公众虽没有组织地对移动通信企业采取行动,但移动通信企业的企业形象,直接影响到他们的惠顾。

7. 内部公众

指移动通信企业的员工,包括高层管理人员和一般职工。移动通信企业的所有市场营销计划,都需要企业内部全体员工的充分理解、支持和具体执行。因而,企业应经常向员工通报有关情况,介绍企业发展计划,发动员工出谋献策,关心职工福利、奖励有功人员、增强企业凝聚力,从而通过企业员工,影响顾客及社会公众,实现企业营销计划。

三、环境威胁与市场机会

企业面对威胁程度不同和市场机会吸引力不同的营销环境时,需要通过环境分析来评估环境机会与环境威胁。通过以上环境分析可以知道,移动通信系统市场营销所面临的威胁较小而市场机会较大,是理想的业务类型,中国移动应该抓住机会,继续提升市场营销的期望与目标。而目前,其主要目标应该是抓住农村和广大偏远地区的市场,提高产品和服务的质量,把握这些地区的最有潜力的客户;同时更应该尽最大的努力满足已成为其使用客户的群体的需求,以追求利益最大化。

实训练习

实训一　上海饮料市场营销环境调查

1. 实训背景

乐兹公司是我国北方的饮料巨头公司之一。公司主打产品是柠檬汁饮料,在北方销售良好,其价格区间是 5—8 元。近期公司拟以该产品进军上海饮料市场。但该公司认为在这之前必须对上海饮料市场的营销环境做深入的调研,才能进行正确的决策。

请为该公司设计市场营销环境调查的调查目的、调查内容和调查方法。

2. 实训组织

第一步:组建实训小组。将教学班学生按每组 6—8 人的标准划分为若干个课题小组,每个小组指定或推选出一名小组长。

第二步:明确实训目的和要求。由指导教师介绍实训的目的和要求,对"调查市场营销环境"的实践价值给予说明,调查学生实训操作的积极性。

第三步:实施实训操作。每个小组根据市场调查的背景资料及实训要求,调配资源,明确小组成员的任务,设计市场调查目的、调查内容和调查方法,并制作 PPT 课件。

第四步:陈述实训结果。集中安排各小组推荐发言人代表本小组,借助 PPT 课件,向全班陈述本小组的实训结果,接受"质询"。

第五步:教师点评每组实训情况,并由全班进行投票,评选出该次实训的获奖小组,给予表扬和奖励。

3. 实训考核

实训成绩依据学生上课出勤、课堂讨论发言、市场调查目的和内容与调查方法的设计水平、PPT 课件制作水平、实训结果陈述水平等进行评定。首先,小组长根据学生出勤、讨论发言等评定出每位成员的个人成绩档次(优秀、良好、中等、及格和不及格);然后,指导教师根据小组提交的市场调查目的、内容和方法的设计结果及 PPT,综合评出各小组成绩;最后,根据以下公式计算出每位学生的最终成绩。

个人最终成绩 = 30% × 表 1-2 中的成绩 + 70% × 表 1-3 中的成绩

表 1-2　小组长评定组内成员成绩表

小组成员姓名	小组成员成绩(分)				
	优秀(90 以上)	良好(81—90)	中等(71—80)	及格(60—70)	不及格(60 以下)

表 1-3 指导教师综合评定每组实训结果成绩表

评价内容	分值(分)	评分(分)
调查目的明确且符合要求	20	
调查内容的完整性、调查方法的合理性	30	
实训 PPT 的设计质量和效果	30	
实训汇报的表达效果	20	
实训总体评分	100	

实训二　与企业专家对话

由学校统一组织安排,让学生分组与企业专家对话交流,使学生对市场调查的概念和重要性有更加深刻的了解,知道市场营销环境调查在企业经营过程中是如何应用的。学生所提主要问题可参考如下:

1. 您的企业需要市场调查吗?需要具体调查哪些方面?
2. 您的企业是怎样进行市场调查的?
3. 您的企业进行过市场营销环境调查吗?调查过市场营销环境的哪些方面呢?
4. 您觉得市场营销环境调查有什么意义?

以采访的形式(可电话采访)或直接对话,录制采访录音或录像并保存起来。

【成果与检测】

针对不同的企业家,全班组织讨论并写下自己的访谈报告,每组派代表向全班汇报。

项目二
开展新产品上市调查

学习目标

1. 说出产品的市场调查包括哪些方面。
2. 说出进行新产品上市调查的必要性。
3. 能设计出新产品市场调查计划书。

项目背景

数讯公司最近接到一个湖南的市场调查项目,张颖和文华有幸跟随项目组出差湖南,进行"关于格力空调湖南市场新产品上市的市场调查"。

任务热身

1. 什么是产品市场调查?
2. 如何开展新产品上市调查?
3. 什么是定性调查?什么是定量调查?二者有何区别?
4. 开展定性调查有哪些方法?
5. 一份书面的市场调查计划书应包括哪些内容?

企业建言

湖南格力公司的产品经理对张颖和文华说:

"在如今这个时代,要想做出一款畅销产品,首先要做的就是做好产品的市场调研和数据分析。如果现在你正负责一个产品的项目的话,可能你听到最多的问题就是:你知道用户想要什么样的产品吗?你想知道用户将会如何看待你的产品吗?你想知道你设计的产品在用户中的口碑如何吗?"

每一个产品经理都希望在产品开始立项设计前,得到用户最真实的需求建议,为自己的产品设计提供良好的支撑;每一个产品经理都希望自己的设计产品得到用户的认可和青睐;每一个产品经理都希望用户能在使用产品的过程中不断反馈对于产品改进的意见和建议……那么,我们如何才能得到用户的前期意见和后期反馈呢?

这个时候我们最需要的就是数据的支撑,只有数据才能让一切更有说服力(前提是真实、有效的数据),只有数据才能让我们更清楚地了解我们想法的可行性……

既然这样,那数据从何而来呢?这自然少不了市场调研,只有通过对用户的调研才能收集用户最基础的用户数据、从最基础的数据上进行分析,从而了解用户的真实需求。

精选观点 2-1

当一款新产品上市后,对于产品的创造公司来说,你对这款新产品上市后迫切想知道的问题将成为你如何去做新产品市场调查的核心。也就是说,在你确定如何去做新产品市场调查之前,你必须先确定本次调查的目的和意义所在,否则随意而为之的调查等于就是一个形式,对公司新产品的设计没有任何帮助。

知识储备

一、什么是产品市场调查

营销人员经常会思考:是否推出新产品,现有产品和服务的质量怎么样,采用什么包装比较合适,产品品牌形象如何,产品处于生命周期的哪个阶段……产品市场调查就是解决营销人员有关这方面的问题。

(一) 产品实体调查

产品实体调查包括产品的规格、颜色、图案、味道、式样、原料、功能等方面的调查。

(二) 产品包装调查

产品包装调查包括销售包装和运输包装调查。销售包装主要调查包装的外观设计、容量、包装材料等是否能被消费者接受和喜爱,他们为什么会喜爱,他们希望通过产品的包装获得哪些产品信息;竞争产品的包装有什么特点;消费者的评价如何等内容。对于运输包装应该了解,包装是否方便运输、储存、拆封,能否适应不同的运输方式和气候条件等。

(三) 品牌形象调查

品牌形象是品牌在消费者心目中的形象和地位,是产品质量、性能、特色的综合体现,是区别竞争产品、吸引消费者重复购买、培养消费者忠诚度的主要依据。因此,进行产品品牌形象的调查,对于企业进一步传播、巩固和调整品牌形象,强化产品的竞争力,具有极其重要的作用。

(四) 产品生命周期调查

产品都有其市场寿命,即产品生命周期,包括引入期、成长期、成熟期和衰退期四个阶段。企业要明确自己的产品处于生命周期的哪个阶段,采取相应的市场调查。

对于企业的新产品而言,调研一般分为两大部分:产品创新调研和新产品上市调研。这两部分调研的重点有所不同,但其流程与原则还是一致的。事实上,产品创新调研在本土平时很少专门去做,往往是在其他的营销实践中发现了创新点、有了比较成型的思路之后,才组织调研,通过调研来调整已有的创新思路,这其实与新产品上市调研没有什么本质区别了。

二、如何开展新产品上市调查

一项调查研究发现,在上市的新产品当中,绝大多数的新产品推广都是失败的,能够成活的新产品比例仅仅占到5%,这就意味着上市的新产品95%都在不同的推广时期"夭折"了,那么,企业应该在新产品上市前做好哪些工作才能提高成功上市的几率呢?

(一) 产品评估

很多企业的新产品之所以一上市就惨遭"流产",其实,往往跟产品本身存在的先天性缺陷有很大的关系。由于产品定位不准,或功能存在不足,因此,上市后往往不能让渠道以及消费者接受,最后落得个不温不火,以至奄奄一息的命运。正确的做法应该是,先对自身的产品进行全方位评估。评估包括如下几个方面:

1. 产品是否满足市场需求

产品是否能够满足市场需求,有没有闭门造车的"嫌疑"。

2. 产品的定位是否合理

产品的战略使命是什么? 是形象产品,还是利润产品? 抑或是规模分摊成本产品? 其在企业产品群中的地位或扮演什么样的角色?

3. 产品的资源匹配度如何

即新产品推广,资源配置是否到位?渠道是否匹配?推广费用、宣传费用是否充足或跟得上?

在对以上几点进行了合理的评估后,新产品上市就有了基础和相应准备,从而能够让企业一鼓作气,让新产品一下子火起来。比如,金星啤酒集团咸阳分公司在两年前推出了一款"野刺梨"果啤,这款产品介于啤酒与饮料之间,能够满足更多的消费人群,把原来不适宜饮用啤酒的老人、孩子、妇女、司机、学生等人群也纳入了产品消费范围。在渠道方面,除了在农村流通市场大力推广外,也在城市各类餐饮、酒店、零售、夜场等渠道进行陈列与展示,最大限度地增加产品的能见度。同时,还通过当地电视、报纸等媒体进行大力度的宣传推广,对市场及消费者进行培育和引导,经过两年多的市场运作,目前该产品已经占到了当地60%左右的市场份额,获得了极大的推广成功。

(二)市场评估

无论是多么完美的新产品,如果推到了一个功能缺失的"滥市场",新产品推广工作也难免会栽跟头。有些企业的新产品在上市后,往往不顾市场实际,盲目进行硬性推广,最后带来后续问题一大串,让企业很"受伤"。正确的做法应该是对市场进行客观评估。

1. 评估该市场的潜力

有潜力的市场更容易让新产品推广成功,那种人口基数小、经济水平低、消费能力弱的市场,是很难让一些高品质、高价位的新产品顺利推广的。

2. 市场资源是否遭到破坏

市场基础好的区域更容易成功推广新产品,那种"夹生"市场,往往会让新产品推广"胎死腹中"。因此,在新产品推广前,一定要"物色"那些成熟或相对成熟的市场,这样的市场由于品牌认知度高,网络资源好,更容易被切入和融入。

3. 市场能否打造为样板市场、明星市场

再也没有比样板市场的打造更有说服力的了,因此,在新产品上市前,一定要选择先在那些能够被顺利打造成样板市场的区域进行推广,因为这样的市场一旦成功启动,往往就可以势如破竹,快速让新产品销量获得突破。比如,雪洋公司几年前曾经推出了一款"红焖羊肉面",在切入豫东市场时,经过一番调查研究,锁定了130多万人口、拥有多座国家级煤矿、消费水平较高的永城市场,由于永城地处三省交界,辐射和带动能力较强,因此,该新产品在永城成功上市后,很快就带动了周边市场的销售,企业获得了较好的经济效益。

(三)经销商评估

新产品能否得到顺利而成功的推广,经销商可以说是至关重要的一环。由于经销商的能力、观念、经营侧重点不同,所以,很多新产品推广的失败,往往不是由于产品原因"自杀"而亡的,更多的时候是被经销商"掐死"的。因此,作为厂家要想更好地推广新产品,那么,有针对性地对经销商进行有效评估和选择必不可少。

1. 经销商的经营能力

有些经销商推广新产品不是自己不积极,而很多情况下是"心有余而力不足",他们也想更好地推广新产品,但却由于自己网络资源、资金、运输、人力等不足,因此,不能为新产品上市更好地造势、借势,从而更好地予以推广。因此,选择有实力、网络好的经销商对于新产品推广尤为重要。

2. 经销商的经营重点

即要评估经销商会把企业的新产品放在什么样的市场地位,在其所代理的产品群里的占比情况。只有那些能够把新产品推广当成第一要务的经销商,才能更好地把新产品推向市场,

从而让新产品"一鸣惊人"。

3. 经销商的经营理念

有一些经销商,尤其是一些从计划经济时代走过来的经销商,由于残存有陈旧的经营理念,因此,抗拒新产品的思想很严重。所以,在选择新产品经销商时,就要避开这些保守的经销商,尽量去找思路超前、思想活跃的经销商,从而为新产品找到一个好的"婆家"。比如,河南的某一啤酒企业,其推广的箱装酒近年来取得了不俗的业绩,其成功的诀窍就是除了体现专业人做专业事之外,最主要的就是为新产品找到了合适的经销商,其挑选经销商有如下条件:负责人年龄原则上不能超过40岁,经营思想超前,重视终端的运作,有较好的服务意识等。通过这种近乎苛刻的经销商挑选,该厂家的新产品推广获得了极大的成功,取得了销量和效益的双丰收。

(四)营销团队评估

新产品上市前需要做的最后一个评估,就是营销团队的评估,很多新产品推广的失败,往往不是败在竞争对手手上,而是"死"在了自己人手上。这个自己人,就是指企业的营销团队组成成员。因此,新产品推广前,一定要对自己的营销团队进行充分评估:

1. 是否具有成功经验和战略眼光

推广新产品经验丰富、做事有计划、有步骤、有长远眼光的营销团队,可以让新产品的推广如虎添翼。

2. 营销团队考核是否科学

新产品推广是否纳入薪酬或绩效考核?在团队新产品激励方面是否存在缺陷?在新产品推广当中,是否存在"软抵抗"?即是否存在出工不出力,出力没效率现象。

3. 团队是否有冲劲

有激情、豪情满怀的营销团队,可以让新产品推广锐不可当,能够快速让新产品在市场上火起来。

4. 团队人员优势互补情况

团队成员里面,是否有足够多的善于开发市场的"骑手",有没有善于运作市场的"操盘手"?一支有共同的愿景、能力互补型的营销团队,更容易让产品一马当先,获得快速的推广成功。比如,某某方便面企业2005年推出了一款"棒骨拉面"产品,为了让该产品能够推广成功,并获得可以复制的经验,负责豫北的大区经理抽调相关的人员进驻该区域市场,该团队组合中,有的善于开发新客户,有的善于打策略战,有的长于客情维护,因此,通过培训进入市场后,这支队伍很快就发挥了合力作用,新产品"棒骨拉面"不仅销售增量迅速,而且还成为了当地市场的主流产品,企业获得了新产品推广的成功。

总之,新产品推广是一项系统工程,需要营销价值链各个环节进行联动和互动。其实,作为厂家,只要做好了新产品上市前的各项准备工作,并及时、认真地做好产品、市场、经销商以及营销团队的系统评估,因地制宜地采取一些相关策略,实施资源聚焦,不盲目、不投机,新产品的成功推广并不是遥不可及的梦。

企业故事

日本自行车成功打进欧美市场

欧美是世界上自行车的主要消费地区,在激烈的自行车经销竞争中,日本取得了成功。他们取得成功的关键是通过市场调查,正确掌握了市场的信息资料,并加以应用。

例如,调查欧美人的体格特征。欧美人的手与腿比日本人长,于是日本特意设计出不同高度与距离的车架、坐垫和车把来适应欧美人的需要。又如,调查欧美流行色彩。1984年,他们调查到欧美人对颜色的爱好是:蓝色占27.4%,红色占25.9%,银灰色占14%,黑色占15.3%,奶白色占11%,其他占6.4%等。他们根据这些数据来调整自行车的色彩。再如,调查自行车在欧美的用途。在欧美市场上,自行车代步、载重等功能早已被汽车或其他交通工具所代替,在那里自行车的用途主要是旅游、娱乐、运动、健身、妇女短途购物及学生上学所用交通工具。根据这些特点,日本在款式、原料工艺、包装、价格等方面做了相应的调整。通过以上几方面细致的市场调查,日本的自行车成功地打进了欧美市场。

图 2-1 自行车越来越多用以娱乐和运动

智慧点评:
　　日本自行车通过对欧美自行车需求的产品特点做了多方面的细致调查,正确掌握了欧美市场所需产品的特征,并根据这些特点,对自行车的款式、原料工艺、包装和价格等方面都做了相应的变化,以适应欧美市场的产品需求特点,从而成功地打进了欧美市场。

三、市场调查计划书的撰写

市场调查计划是对市场调查总体活动的具体设计和安排,应当以书面形式体现出来。那么,我们应该如何撰写市场调查计划书呢?

(一)市场调查计划书的一般格式

一个完整的市场调查计划书通常包括8项内容,具体如下:

(1)概要或前言。它概述规划书要点,提供项目概况。

(2)背景。它描述和市场调查问题相关的背景。

(3)调查目的和意义。它描述调查项目要达到的目标,调查项目完成产生的现实意义等。

(4)调查的内容和范围。给出调查采集的信息资料的内容,调查对象范围的设定。

(5)调查采用方式和方法。给出收集资料的类别与方式,调查采用的方法,问卷的类型、时间长度、平均会见时间等,实施问卷的方法等。

(6) 资料分析及结果提供形式。它包括资料分析的方法,分析结果的表达形式等,是否有阶段性成果的报告,最终报告的形式等。

(7) 调查进度安排和有关经费开支预算。

(8) 附件。包括设计的问卷、调查表等。

> **精选观点 2-2**
>
> 市场调研是一个科学性很强、工作流程系统化很高的工作。它是由调研人员收集目标材料,并对所收集的材料加以整理统计,然后对统计结果进行分析以便为决策提供正确的方法。在实际中,面对一个调研项目,需要工作人员做的第一项工作是明确市场调研的任务,科学设计调研方案。

(二) 市场调查计划书的撰写技巧

1. 调查目标的陈述

这项内容实际上就是调查项目与主题确定后的简洁表述,在此部分,可以适当交代调查的来龙去脉,说明方案的局限性以及需要与项目委托方协商的内容。有时这部分内容也放在前言部分。

2. 调查研究范围

为了确保调查范围与对象的准确、易于查找,在撰写计划书的时候,调查范围一定要陈述具体明确,界定清楚,能够运用定量的指标来表述的一定要定量化,要说明调查的地域、调查的对象,解决"在何处"、"是何人"的问题。

3. 调查研究方法

为了顺利地完成市场调查任务,要对策划的调研方法进行精炼准确的陈述,解决"以何种方法"进行调查,由此取得什么资料的问题。具体撰写中,对被调查者的数量、调查频率(即是一次性调查还是在一段时间内跟踪调查)、调查的具体方法、样本选取的方法等要进行详细的规定。

4. 研究时间安排

实践中,各阶段所占研究时间比重可以参照下表的分配办法酌情分配与安排。

表 2-1 各阶段所占研究时间比重

研究阶段	所占时间比重(%)
1. 研究目标的确定	5
2. 研究方案设计	10
3. 研究方法确定	5
4. 调研问卷的制作	10
5. 试调研	5
6. 数据收集整理	40
7. 数据分析	10
8. 市场调研报告的写作	10
9. 市场调研反馈	5
10. 合计	100

5. 经费预算

市场调研经费大致包括资料费、专家访谈顾问费、专家访谈场地费、交通费、调研费、报告制作费、统计费、杂费、税费和管理费等。比重较大的几项费用为交通费、调研费、报告制作费、统计费，依调研的性质不同而有一定的差异。目前，为保证问卷的回收量及其他调研类型被调查者的配合度，往往还要支付一定的礼品费，不过礼品的发放不能造成被调查者改变自己的态度，不能影响调研结果的可信度。

6. 研究人员预算

研究人员预算要陈述清楚不同类型研究人员的配比问题，主要需要市场分析、财务分析、访谈人员等专业人士，可以根据具体的项目适当调配各类人员的配合关系。

（三）撰写市场调查计划书需要注意的问题

1. 重视市场调查计划书的制作

一份完整的市场调查计划书，上述内容均应涉及，不能有遗漏。而且，计划书的制订必须建立在对调研背景的深刻认识上，尽量做到科学性与经济性的结合。格式可以灵活，但计划书一般应由项目负责人来完成。

2. 进行方案的可行性研究

计划书制作好之后，应当从逻辑的层面对方案进行把关，考察其是否符合逻辑和情理；通过组织一些具有丰富市场调查经验的人士，对设计出来的市场调研方案进行初步研究和判断，说明方案的合理性和可行性；通过在小范围内选择部分单位进行试点调查，对方案进行实地检验，说明方案实施的可行性方式。

3. 对调查方案进行总体评价

一般情况下，对市场调查计划书从四个方面进行评价，即是否体现调查目的和要求、是否具有可操作性、是否科学和完整、是否具有调查质量高的效果。

四、定性调查与定量调查

（一）定性调查

定性调查是对研究对象质的规定性进行科学抽象和理论分析的方法，它是选定较小的样本对象，凭借研究者的主观经验、情感以及有关的技术进行深度的、非正规性的访谈，以进一步弄清问题，发掘内涵，为随后的定量调查做好准备。

例如，A企业发现本季度产品的销量比上年同期出现大幅度减少，管理者欲寻找销量下降的原因：①商品质量下降？②商品功能过少？③销售渠道不畅？④广告宣传过少？⑤竞争对手干扰？⑥顾客偏好改变？⑦商品价格过高？

为解决上述问题，A企业可借助定性调查，在一定范围内寻找有关专家、业内人士、顾客等以座谈会的形式进行初步询问，发现问题所在，为进一步调查做好准备。

定性调查所采用的方法主要有小组座谈法与深度访谈法。

1. 小组座谈法

小组座谈法是指经过训练的主持人以一种无结构的、自然的形式与受访者交谈，主持人负责组织讨论，从而深入了解受调查者对某一产品、观念或组织的看法的市场调查方法。小组座谈法不同于一问一答的面访形式，它所发挥的是"群体动力"的效应，即一个人的反映可能会刺激其他人的思考，这种相互作用会比单独访问同样数量的人获取更多的信息。

小组座谈法又称焦点小组访谈法，源于精神病医生所用的群体疗法。小组座谈法通常在一个装有单向镜和录音录像设备的场所进行,主持人以无结构的自然形式与小组成员进行交谈,获取被调查者对产品、服务、广告、品牌的认识、偏好及行为。焦点小组访谈法是帮助企业和咨询公司深入了解消费者内心想法的最有效工具,在发展产品概念、产品测试、包装测试、广告创意、顾客满意度、用户购买行为等研究中正得到越来越广泛的应用。

图 2-2　小组座谈

2. 深度访谈法

深度访谈法是指调查员采用一对一的形式,直接与被调查者进行单独沟通交流,获得关于个人的某种态度、观念等方面信息的调查方法。通常在轻松和谐的气氛中,调查员与受访者就某一问题进行深入、充分、自由的探讨交流。

深度访谈法的特点在于它是无结构的、直接的、一对一的访问。因深度访谈是无结构的访问,其调查走向依受访者的回答而定。

深度访谈的实施步骤:

(1) 确定调查员。深度访谈与焦点小组访谈法一样,对调查员的访谈技巧和专业水平有较高的要求。调查员应具备良好的沟通能力和进一步探询问题的能力。

(2) 选择受访者。在确定受访者时,代表性是一个很重要的因素。作为某产品或服务的消费者或潜在消费者,其意见领袖人物通常容易较快地进入调查员的视野。

(3) 预约受访时间。这是一项不能忽视的工作,表达了对受访者的高度重视和尊重。

(4) 友善地接近受访者。一般有两种方式,一是直接接近,开门见山,介绍自己的身份,直接说明调查意图,开始正式访谈。这种方式一般适用于访谈双方相互了解或者事先预约的情形;另一种是间接接近,借助某一契机(如开会、学习、娱乐等),在活动中与受访者建立友谊,再进行正式访谈。

(5) 展开访谈。调查员一定要围绕访谈提纲进行,适时引导,使访谈不偏离主题。

(6) 结束访谈。访谈结束时,调查员应迅速重温访谈结果或检查访谈提纲,看是否有遗漏项目。最后要真诚感谢对方对本次调查工作的支持与合作,以寻求下一次的继续合作。

(二) 定量调查

定量调查是一种利用结构式问卷,抽取一定数量的样本,依据标准化的程序来收集数据和信息的调查方式。如果说定性调查更注重对消费者的态度、感觉及动机的了解,注重对事物性质的调查,那么,定量调查则更侧重于被调查对象及事物的统计特征,侧重于数量方面的资料收集和分析。

五、抽样调查

抽样调查就是依据调查目的,在给定的人力、物力、财力等条件下,按照随机原则从调查总体中抽取一部分单位作为样本而进行的一种非全面调查。通过抽取样本的特征用于推断调查总体的特征。

例如:从 1000 个对象中抽取 100 个样本进行未来一年境外旅游计划的调查。其中有 60 人在未来的一年中有境外游计划,即占被抽样总数的 60%。按百分比推算,调查总体 1000 个对象中将有 600 人在未来一年有境外游计划。

在抽样调查中,常用的名词主要有:

(一) 总体

总体是指所要研究对象的全体。它是根据一定研究目的而规定的所要调查对象的全体所组成的集合,组成总体的各研究对象称之为总体单位。

(二) 个体

个体是指总体中的每一个考察对象。

(三) 样本

样本是总体的一部分,它是由从总体中按一定程序抽选出来的那部分总体单位所组成的集合。

(四) 样本的容量

样本中个体的数量叫做样本的容量。

实战体验

关于格力空调湖南市场新产品上市的市场调查方案

项目一组与项目委托方"格力公司"进行了详细的沟通,首先了解了调查的背景,并据此设计出了本次新产品上市调查的调查目的及调查内容。

1. 调研背景

格力空调成立于 1991 年,是目前全球最大的集研发、生产、销售、服务于一体的专业化空调企业。

格力拥有技术专利近 1500 项,自主研发的 GMV 数码多联一拖多机组、离心式大型中央空调、正弦波直流变频空调等一系列高端产品填补了国内空白,打破了美日制冷巨头的技术垄断,在国际舞台上赢得了广泛的知名度和影响力。格力空调现在研发了新产品,想在湖南地区推广,因此格力的渠道推广负责人要对湖南市场进行一次市场调研。

2. 调研目的

本次市场调查工作的主要目的是:

(1) 分析格力的前期营销计划,以及消费者对新产品的期望;

(2) 了解并分析自身的优势和劣势,以及面临的机会和威胁;

(3) 了解产品的知名度以及美誉度;

(4) 了解消费者对格力品牌的认可度来确定新产品的营销计划。

3. 调研对象与调研单位

本次调研主要是在湖南长沙、常德、邵阳三个地区随机选择一些社区和格力专卖店的消费者发放问卷,针对的是具有一定消费能力的消费者。

依照经济发达程度和人口数量来确定各城市调查的人数占总调查人数的比例。

4. 调研项目

此次调研主要针对格力空调新产品进入湖南市场进行的一次调研。此次调研的项目主要是针对格力空调的质量、服务、价格、机型等方面在消费者心目中的地位以及市场上的占有率。

5. 调研内容

本次调研项目的具体内容有：

(1) 消费者的基本情况(性别、年龄、收入等)；

(2) 消费者购买空调的需求和动机；

(3) 消费者对新产品色彩和款式的偏好趋势；

(4) 消费者的购买心理和消费特点；

(5) 消费者对目前格力空调产品的评价；

(6) 格力空调在湖南的市场占有率；

(7) 产品品牌、价格对消费者购买的影响程度；

(8) 消费者获取信息的主要渠道。

6. 调研方式和方法

此次调研采用问卷发放式。

调研范围是湖南长沙、常德、邵阳等市场。总样本量为1200人，长沙(经济发达地区)样本量500人、常德(经济相对较发达地区)样本量300人、邵阳(经济相对较不发达地区)样本量400人。打印1300份市场调研问卷。

依照经济发达程度和人口数量确定各城市调查的人数占总调查人数的比例。

分别在各个小区和格力专卖店门口发放，并赠送填写人小礼品(精美铅笔一支)一份。对调查人员提前安排短时间培训。

7. 经费预算

表2-2　经费预算表

	项目类别	费用	备注
1	问卷复印费	130元	1300份问卷×0.1元＝130元
2	人员工资	1260元	三个地区共18人×70元＝1260元
3	调查实施费	3000元	人员监督安排费用、人员差遣费等
4	小礼品	1200元	
5	培训费	800元	培训人员费用等
6	交通费及其他	300元	
	总计	6690元	

8. 调研组织及人员

在每个地方分配2个负责人，包括监督人员、问卷审核人员各1人，在各地区分配的调查人员为长沙5人、常德3人、邵阳4人。总人数为18人。对调查人员将进行一天的培训，必须能在让消费者填写问卷的同时还能回答消费者提出的一些问题，反馈消费者提出的建议与意见。

9. 时间进度安排

问卷设计时间：10月17日—19日；

问卷审核时间：10月20日—22日；

复印问卷时间：10月23日—24日；

购买小礼品时间：10月24日—25日；

调查人员培训时间:10月25日—26日;
调研实施时间:10月26日—30日;
问卷汇总:10月30日—11月2日;
撰写调研报告:11月2日—11月4日;
时长共17天。

10. 附件

格力空调新产品上市市场调查问卷

尊敬的先生/女士:

您好!我是格力空调有限公司的市场调查员,非常感谢您百忙之中抽出时间来填写我们的这份问卷!

此次调查的目的是为了了解消费者对格力空调新产品上市的观点及满意度,以便让我们更好地为消费者服务。您的客观意见对我们的市场研究非常重要,希望您能真实回答以下的问题!(您在回答完问题之后,将会获得一份精美的小礼品)我们将对您的信息绝对保密。谢谢您的支持!

1. 您目前在使用空调吗?
   A. 没有　　　　　　B. 在用(跳至问题4)
2. 如果你要购买空调,你会优先考虑哪个品牌?
   A. 格力　　　　　B. 海尔　　　　　C. 美的　　　　　D. 志高
   E. 其他_____
3. 是哪些方面使您决定使用(考虑)这个(些)品牌的空调?
   A. 牌子知名度高,可靠　　　　B. 质量过硬　　　　C. 售后服务好
   D. 价格合理　　　　　　　　　E. 购买方便　　　　F. 其他_____
4. 您现在使用的空调品牌是?
   A. 格力　　　　　B. 美的　　　　　C. 海尔　　　　　D. 志高
   E. 其他_____
   如本题答案是格力空调则跳到第8题
5. 您对格力空调的哪(些)方面最满意?(可多选)
   A. 质量好　　　　　　　　　　B. 产品口碑好或企业知名度高
   C. 销售点多,购买方便　　　　D. 功能多,满足个性需要
   E. 售后服务好,无后顾之忧　　F. 价格合理
6. 您在购买之前是怎样知道该产品的?(可多选)
   A. 电视　　　　　B. 报纸　　　　　C. 杂志　　　　　D. 广播
   E. 熟人告知　　　F. 店内广告宣传　G. 其他
7. 您对格力空调的印象是?
   A. 听说过　　　　B. 没什么印象　　C. 质量一般　　　D. 服务不错
   E. 很专业
8. 您是怎样知道格力空调的?(可多选)
   A. 电视　　　　　B. 报纸　　　　　C. 杂志　　　　　D. 广告
   E. 熟人告之　　　F. 店内广告宣传

9. 您觉得是哪些方面使您决定使用格力空调？
   A．品牌知名度高、可靠　　　　　　　B．质量过硬　　　　　C．价格合理
   D．售后服务好　　　　　　　　　　　E．功能齐全　　　　　F．购买方便
10. 您觉得使用格力空调(可多选)：
    A．很满意　　　　　B．不错　　　　　C．一般　　　　　D．不满意
11. 您对格力空调的哪些方面比较满意？(可多选)
    A．质量好　　　　　　　　　　　　　B．产品口碑好或企业知名度高
    C．价格合理　　　　　　　　　　　　D．功能齐全,满足多种需要
    E．售后服务好　　　　　　　　　　　F．其他
12. 以下哪些方面曾影响到您的购买？
    A．销售网点少　　　B．缺货　　　　　C．价格波动　　　D．售前服务少
13. 销售人员会主动向您介绍该产品吗？
    A．会　　　　　　　B．不会
14. 如果格力计划增加一些其他的功能,你觉得：
    A．有必要　　　　　B．无所谓　　　　C．没必要(跳至问题17)
15. 您希望增加什么样的功能？
    A．智能化霜　　　　B．独立除湿　　　C．除尘
    D．童锁功能,防止误操作　　　　　　E．低温,低压启动
    F．天音系统,清脆悠扬　　　　　　　G．全优化制冷系统,急速调温
    H．您希望增加的其他功能_____
16. 如果以满分10分为标准的话,请您对下列产品进行综合打分：(不知道的产品打零分)
    格力空调(　　)　　　LG(　　)　　　　海尔(　　)
    春兰(　　)　　　　　长虹(　　)　　　奥克斯(　　)
    三菱(　　)　　　　　美的(　　)　　　志高(　　)
    新科(　　)
17. 你对格力空调有何建议？
    _____
18. 您的性别：
    A．男　　　　　　　B．女
19. 您的年龄段是：
    A．25以下　　　　　B．25—30　　　　C．30—35　　　　D．35—40
    E．40—45　　　　　F．45以上
20. 您的职业是：
    A．工人　　　　　　B．教师　　　　　C．白领　　　　　D．个体户
    E．学生　　　　　　F．其他
21. 您的月收入是：
    A．1000以下　　　　B．1000—3000　　C．3000—5000　　D．5000以上
    谢谢您的支持！

案例分析

新产品开发中调研的合理使用

思考：

1. 根据以下资料，分析该公司是如何开展新产品市场调查工作的，其采用的市场调查方法有哪些？
2. 根据该公司的新产品市场调查结果，你认为应拟定什么新产品营销策略？
3. 这个案例给你的启示是什么？

萨姆斯耐特是世界上著名的箱包公司，在20世纪90年代，该公司开发的携带型Piggyback旅行箱风靡全球。这一成绩的取得并非凭运气，而是通过市场细分调研、创意调研和产品调研来倾听顾客的要求，然后采取行动满足这些要求，进而获得成功。

1. 焦点小组座谈

该旅行箱的开发是从一项定性的研究开始的，称作旅行箱开发。实施中主要考虑顾客在旅行中遇到的问题，组织了11个焦点小组座谈（Focus Group Interview）。调研事先经过过滤性问卷测试，以使每个小组都代表一种特定生活方式的人群。焦点小组座谈进行的讨论从对与旅行相关问题的一般讨论到对更加具体问题的讨论，如离家旅行、使用的旅行箱、整理检查或搬运行李、行李箱的印象和理想的行李箱等。男性和女性都认为，由于要搬运行李，尤其在乘飞机旅行时，从下汽车到大门要走很长的路，使得旅行中的任何乐趣都不复存在。

2. 创意测试

随后，实施了初始创意测试来决定新产品开发的方向。一次访问了事先选定好的400名调研对象，这次偏重于女性。调研对象观看了一系列描述每种创意的黑白草图，然后评定出她们对各种创意的兴趣。非常有吸引力的是一种"既可以肩背又可以用带捆扎的行李箱"，而Piggyback正好有自己的行李架却没有增加额外重量和分离附件所带来的不便。

管理者考虑到旅行箱的前景，对Piggyback实施了一次创意调研，然后对它加上"革新精品"的标签。调研中，在购物中心访问了100个人，所有的访问者要求是在16—60岁之间、在过去三年内买过一只旅行袋，并且过去一年中使用过一个。所有的访问都是一对一进行的，以便每个问题都能得到答复并被记录下来供以后准备广告和推销材料时参考。被访者审查了一系列概括出Piggyback特征和用途创意的草图，然后分别在看完创意和实际使用后按照四级购买兴趣量表对产品加以评价。在看过创意后大约有60%的被访者喜欢这一产品，但在实际使用后这一比例增加到70%还多，这表明Piggyback旅行箱的购买兴趣一直在旅行箱购买总数中处于一个高水准。

3. "停车场"测试

萨姆斯耐特公司一种独特的测试方式——著名的"停车场"测试，也被用于对Piggyback旅行箱的一种产品模型的测试。萨姆斯耐特公司那些经常旅行的员工，从经理到普通员工，在户外障碍物路线上测试此产品。他们在障碍物上、在碎石上拉动该产品，由此公司得到了自己的消费者报告测试的版本。被测试者包括男性和女性，高个子和矮个子。每个人都很喜欢Piggyback。Piggyback在一个行李箱展览会上推出，也使用了相同的障碍物路线模型，并得到了参加测试者的夸赞。

4. 消费者调研

下一步,携带型 Piggyback 的模型被开发出来以后,公司实施了定性和定量的消费者调研来了解旅行者的反应。

定性调研包括由航空服务员组成的两个焦点小组座谈,他们对携带型 Piggyback 有相当的经验。研究目的是了解携带型行李箱的使用,识别当前可供使用的携带型行李箱所遇到的问题以及评估携带型 Piggyback 的吸引力。

定量调研是为了确定此产品与该公司其他种类的行李箱,以及竞争者的携带型行李箱相比有何不同。通过这种方式,可以评价携带型 Piggyback 与竞争产品相比的吸引力,而且也可以确定它与萨姆斯耐特公司其他产品的搭配。共有 200 人参与了这一研究。调研审查了携带型行李箱的内部和外部,标有零售价的行李箱分两组展示:一组有推销材料而另一组没有任何材料。参加人员可以转动轮子、提起、搬运来获得更现实的评价,提问集中于第一和第二选择、喜好和厌恶以及选择或不选择携带型 Piggyback 的原因。

携带型 Piggyback 受到了热烈欢迎,结果表明,该产品对于经常旅行者有吸引力,而他们恰恰是公司想吸引的目标。因为反应如此积极,公司做了一些外型改动后便立即开始生产。在 20 世纪 90 年代初,携带型 Piggyback 正式推向市场。整个 Piggyback 产品线是如此成功,实际上,它的销售额已经超过了一些箱包公司总的销售额。

案例点评:

萨姆斯耐特公司的案例再一次说明了科学有效的市场调研对产品开发和营销的关键作用,就本案例而言,市场调研甚至起到了决定性的作用。

萨姆斯耐特公司有效运用市场调研的成功经验主要表现在以下几个方面:

(1)广泛的定性调研,使得公司能够察觉到不同生活方式的消费人群所关注的旅行中的行李问题及其所关注的角度。

(2)紧接着,根据消费者焦点座谈会的结果,可以提出多种新产品的创意形式。

(3)然而,创意形式是否真正能够满足消费者需求,或者为消费者所认可,以及到底哪一种创意形式更受消费者青睐,仍然需要进行初始的创意测试来检验,这样,萨姆斯耐特公司确定了一种"既可以肩背又可以用带捆扎的行李箱"。

(4)接下来,根据创意形成了产品,而产品如何进行推广,同样通过了创意传播调研来分析确定。萨姆斯耐特公司首先让被调查者查看各种创意传播草图,然后检验他们的喜好;进而,再让被调查者试用其产品,重新检验其喜好改变程度,这样的一个两阶段的测试首先可以检验消费者对什么样的传播诉求感兴趣,其次可以检验消费者实际试用产品的感受。

(5)更绝的还在于,萨姆斯耐特公司并不满足于现有的调研。通过实际现场使用模拟,萨姆斯耐特公司可以更精确地了解消费者的真实使用感受。

(6)然后,萨姆斯耐特公司又根据对消费者行李携带行为的观察和调查,发掘出携带型 Piggyback 独特的标准,当然,这样一个新的产品标准仍然要通过消费者测试来检验其吸引力。

(7)最后,萨姆斯耐特公司又通过竞争产品对比测试,终于以消费者资料证明并使自己确信,携带型 Piggyback 比其他同类产品更好,并立即投放市场。

实训练习

烧仙草产品上市调查

1. 实训背景

烧仙草是一种源于我国台湾、由多种材料混合而成的饮料,具有清热解毒等功效。可以做成热饮和冷饮,不受季节影响,不管是冬天还是夏天都适合饮用,加上价格合理,味道甜美,深受消费者喜爱。

因此,"馨怡"书吧准备自制特色烧仙草饮料作为店内的主打饮料,为了更好地了解该产品市场及未来的行情,"馨怡"书吧特委托数讯市场调查公司评估××大学城周边烧仙草的营销环境,为其科学合理制定可行的营销策略提供决策参考,从而使该产品顺利上市。

调查目的:

(1) 全面了解消费者的口味偏好及购买习惯。

(2) 全面了解消费者对烧仙草这种饮料的功效的态度、品牌及包装偏好、促销方式偏好、价格认知等。

(3) 全面了解××大学城目前有多少烧仙草店的竞争者、竞争者的优势、竞争者的基本价位、促销方式。

请为该公司设计产品调查的内容及调查方法,并完成烧仙草市场调查计划书。

2. 实训组织

第一步:组建实训小组。将教学班学生按每组 6—8 人的标准划分为若干个课题小组,每个小组指定或推选出一名小组长。

第二步:明确实训目的和要求。由指导教师介绍实训的目的和要求,对"新产品上市调查"的实践价值给予说明,调查学生实训操作的积极性。

第三步:实施实训操作。每个小组根据市场调查的背景资料及实训要求,调配资源,明确小组成员的任务,设计市场调查目的、调查内容和调查方法,并制作 PPT 课件。

第四步:陈述实训结果。集中安排各小组推荐发言人代表本小组,借助 PPT 课件,向全班陈述本小组的实训结果,接受"质询"。

第五步:教师点评每组实训情况,并由全班进行投票,评选出该次实训的获奖小组,给予表扬和奖励。

3. 实训考核

实训成绩依据学生上课出勤、课堂讨论发言、市场调查目的和内容与调查方法的设计水平、PPT 课件制作水平、实训结果陈述水平等进行评定。首先,小组长根据学生出勤、讨论发言等评定出每位成员的个人成绩档次(优秀、良好、中等、及格和不及格);然后,指导教师根据小组提交的市场调查目的、内容和方法的设计结果及 PPT,综合评出各小组成绩;最后,根据以下公式计算出每位学生的最终成绩。

个人最终成绩=30%×表 2-3 中的成绩+70%×表 2-4 中的成绩

表 2-3　小组长评定组内成员成绩表

小组成员姓名	小组成员成绩(分)				
	优秀(90 以上)	良好(81—90)	中等(71—80)	及格(60—70)	不及格(60 以下)

表 2-4　指导教师综合评定每组实训结果成绩表

评价内容	分值(分)	评分(分)
调查内容的完整性、调查方法的合理性	10	
产品市场调查计划书的合理性和完整性	50	
实训PPT的设计质量和效果	20	
实训汇报的表达效果	20	
实训总体评分	100	

项目三
调查市场需求量

学习目标

1. 说出市场需求和市场需求总量的含义。
2. 列举市场需求量调查的必要性。
3. 设计出市场需求量调查的调查方案。
4. 列举开展市场需求量调查的一般方法。

📖 项目背景

地处广州的某服饰公司欲开发一种新的休闲服装,但是面对国内休闲服装市场品牌众多、市场竞争激烈的局面,公司决策层认为要取得产品开发与市场推广的成功,需要对目前的市场需求有一个清晰的认识,从现有市场中发现机会,做出正确的市场定位和市场策略。

因此,决策层决定委托数讯市场调查公司开展市场调研与预测分析,通过对市场需求进行深入的了解,确定如何进行产品定位,如何制定价格策略、渠道策略、促销策略以及将各类因素进行有机整合,发挥其资源的最优化配置,从而使新开发的服饰成功介入市场。

现在,数讯市场调查公司接受了该服饰公司的委托,欲承担该项目的市场调研任务,张颖和文华也参与其中,在本次大型市场需求调查中担任调查员。那么,调研公司应当首先开展哪些工作呢?市场需求调查的具体实施步骤是怎样的呢?

☀ 任务热身

1. 什么是市场需求?什么是市场需求总量?
2. 影响市场需求量的有哪些因素?
3. 什么是实验法、问卷调查法、网络调查法?

📍 企业建言

如果你要生产或经销某一种或某一系列产品,应对这一产品的市场需求量进行调查。也就是说,通过市场调查,对产品进行市场定位。比如你经销某种家用电器,你应调查一下市场对这种家用电器的需求量,有无相同或相类似的产品,市场占有率是多少。又如你提供一项专业的家庭服务项目,你应调查一下居民对这种项目的了解和需求程度,需求量有多大,有无其他人或公司提供相同的服务项目,市场占有率是多少。

📁 知识储备

一、市场需求及市场需求总量的概念

市场需求就是指一定时间内和一定价格条件下,消费者对某种商品或服务愿意而且能够购买的数量。必须注意:需求与通常所讲的需要是不同的。市场需求的构成要素有两个,一是消费者愿意购买,即有购买的欲望;二是消费者能够购买,即有支付能力,两者缺一不可。

市场需求总量是指在一定的地理区域和一定的时间期限内,在一定的营销环境和一定的营销努力下,一定的消费者群体会购买特定产品的总量。

二、市场需求量调查的内容

市场需求量的调查主要是估计市场规模的大小及产品潜在需求量。它是市场调查的核

心,其主要内容包括市场需求总量调查、本企业销售潜量调查、本企业的产品在不同市场上的市场占有率调查。

市场需求量调查的另一重要内容是市场需求趋势调查。了解市场对某种产品或服务项目的长期需求态势,了解该产品和服务项目是逐渐被人们认同和接受,需求前景广阔,还是逐渐被人们淘汰,需求萎缩;了解该种产品和服务项目从技术和经营两方面的发展趋势如何等。

三、市场需求量的影响因素调查

(一) 消费者偏好

这个因素因人而异,与每个人的性格、爱好、文化水平等都有关,这个因素支配着消费者在使用价值相同或相近的商品之间的选择,但是消费者偏好并不是固定不变的,而是会随着外界因素和个人内在因素的变化而发生变化。比如当人民币升值时,国内出境旅游人数就会上升;当泰国曼谷发生爆炸后,到泰国旅游人数就会急剧下降。

(二) 消费者的个人收入

收入是影响需求的重要因素,如果消费者收入增加,将引起需求增加;反之亦然。比如农村今年收成好,粮食价格高,当年收入非常不错,那么当年春节的鞭炮就更加热烈;反之就消停很多。个人收入不仅影响消费者的可支配收入,也影响着消费者购买产品的能力和意愿。

(三) 产品定价

一般来说,某种商品的价格上升,消费者对该商品的需求就会下降;而当某种商品的价格下降时,消费者对该商品的需求就会上升。比如,前些年黄金价格下跌,中国大妈就疯狂地抢购黄金。

但如果消费者意识到低价格将会带来高风险的时候,这条规律就要变化了,这就是人们常说的"便宜没好货"的心态。所以低价这个大杀器只有当消费者感觉到质量有保证,交易安全可靠的时候才会发生功效。

(四) 替代品的价格

这里的替代品不仅仅指传统意义的竞争品,而是指使用价值相近、可以互相替代来满足人们同一需求的商品,如煤气灶和电磁炉。一般来说,相互替代商品之间某一种商品价格提高,消费者就会把需求转向替代品,从而使替代品的需求增加,反之亦然,但与此同时也要考虑互补品之间的价格。

(五) 互补品的价格

互补品是指使用价值上必须互相补充才能满足人们的某种需要的商品。比如手机和手机资费就是互补品,你买了手机后必然使用运营商的服务,资费的价格就影响手机的销量。在互补的商品之间,一种商品价格上升,会导致另一种产品的需求降低。比如资费提高,手机的销量就会受一定影响;资费下降,手机的销量就一定的提高。当年手机资费居高不下,小灵通横空出世,也是替代品和互补品规律的很好诠释。

(六) 消费者预期

预期是对于某一经济活动未来的预测和判断。如果预期价格上涨,会刺激人们提前购买;如果预期下跌,就会推迟购买。买涨不买跌就是这个心理。比如,当国家出台房产限购政策后,消费者预期房价会下跌,就会减少对房产的需求;而当中国人民银行连续降息后,消费者预期房价会上升,就会增加对房产的需求。

(七) 其他因素

如商品的品种、质量、广告宣传、地理位置、季节、国家政策等等,都可以影响市场需求。

企业通过市场调查了解这些影响因素对产品功效、产品价格、分销方式、促销力度的影响强弱和影响方向,可以强化或改变某些策略,采取措施利用或预先避免,甚至通过营销努力创造某些局部的有利环境,以扩大市场需求。

四、实验法、问卷调查法、网络调查法

(一) 实验法

实验法是指调查人员根据调查目的,事先选定某一个或某几个营销因素,人为地改变或控制这些因素,来观察它们对营销活动中其他因素的影响过程和影响结果,收集第一手信息的方法。例如,改变产品的包装,来观察产品销售量的变化,通过比较新旧包装引起的销售量的变换来了解新包装的市场效果,为决策提供依据。实验法包括实验室实验法、市场实验法。

1. 实验室实验法

实验室实验法即把调查对象请到实验场所进行心理或者行为方面的实验。例如,在测定一个广告的效果时,可以在不受任何外界干扰的实验室里,发给调查对象一本广告样本,让调查对象在规定的时间内从头到尾看完,接着再让他们回答对何种形式的广告印象最深。这种方法往往用于企业研究顾客的心理。

2. 市场实验法

市场实验法即把市场当成实验场所进行调查。例如,在测定一种商品的具体形式时,应该把设计的不同规格、颜色的商品,在选定的市场上进行销售,观察顾客的反应,接着根据顾客的意见,决定产品的规格、款式、价格以及颜色。这种方法取得的资料比较真实,但是调查的成本很高。

> **精选观点 3-1**
>
> **为何要进行实验?**
>
> 著名的百货业巨子约翰·沃纳马克(John Wanamaker)曾说过一句名言,他知道他的广告支出有一半是浪费的,只是他不知道是哪一半。每一个营销人员都希望了解自己的营销努力或方案当中哪一个是有效的。一位在外资奶粉公司里工作的员工抱怨说,营销人员每月总是要想出各种点子来刺激销售以完成任务,但是在完成任务之后连自己也不能确定究竟是哪一种促销支出在起作用。这时就必须借助实验法来找出答案。

企业故事

咖啡杯颜色的实验调查

某种商品畅销,可能是价格原因,也可能是包装改变或是促销手段的改变,究竟哪种因素的影响最大?可以用实验法来帮助判断。那么怎么设计实验才能尽快找到这个因变量呢?请看下面这家咖啡店的实验整体设计规划。

美国一家咖啡店准备改进咖啡杯的设计,为此进行了市场实验。首先,他们进行咖啡杯选型调查,他们设计了多种咖啡杯子,让 500 个家庭主妇进行观摩评选,研究主妇

们用干手拿杯子时,哪种形状好;用湿手拿杯子时,哪一种不易滑落。调查研究结果,选用四方长腰果型杯子。然后对产品名称、图案等,也同样进行造型调查。

图 3-1　针对咖啡杯的调查

接着他们利用各种颜色会使人产生不同感觉的特点,通过调查实验,选择了颜色最合适的咖啡杯子。他们的方法是,首先请了 30 多人,让他们每人各喝 4 杯相同浓度的咖啡,但是咖啡杯的颜色则分别为咖啡色、青色、黄色和红色 4 种。试饮的结果,使用咖啡色杯子的人都认为"太浓了"的占 2/3,使用青色杯子的人都异口同声地说"太淡了",使用黄色杯子的人都说"不浓,正好"。而使用红色杯子的 10 人中,竟有 9 个说"太浓了"。根据这一调查,公司咖啡店里的杯子以后一律改用红色杯子。该店借助于颜色,既可以节约咖啡原料,又能使绝大多数顾客感到满意。结果这种咖啡杯投入市场后,与市场上的其他公司的产品开展激烈竞争,以销售量比对方多两倍的优势取得了胜利。

智慧点评:

这家咖啡馆的实验调查法,使其充分认识了市场,了解了市场需求,根据消费者的需求设计开发产品,拓展了市场,使企业在竞争中脱颖而出。

小资料 3-1

淋浴器市场饱和程度实验

某地区淋浴器市场销售不景气,某公司为了了解情况,查明不景气现象产生的原因是否是由于该地区淋浴器已经达到饱和。因此,该公司生产一种多功能的淋浴器在市场销售。这批产品吸引了大批顾客购买,说明该地区淋浴器市场仍有一定的潜力,企业只要根据消费者的需求生产适销对路的产品,仍有较大的市场空间。

小资料 3-2

虚拟购物

图 3-2　虚拟货架

2011 年 7 月,上海浦东一些地铁站内出现了一个巨大的"货架",上面摆满了可乐、薯片等各类商品,宛若超市一角。走近一看,才发现这个"货架"是"贴"在墙上的,每一种产品也非实物。那究竟是何物呢?原来这个"虚拟超市"是电子商务企业"1 号店"推出的国内首个虚实结合移动电子商务应用技术。据"1 号店"相关负责人介绍,这是一种全新的购物模式,即"虚拟超市"。

"1 号店"在地铁站里的墙上安装了显示屏,显示的所有商品都只是图片,貌似灯箱广告。顾客们首先找到所需商品,然后打开智能手机上的摄像头,扫描每件商品附带的二维码,就能将这件商品放入智能手机屏显上的电子购物车。最终,在约定时间内所购商品就会被直接送达顾客指定地点,货到付款即可。

"1 号店"表示,"虚拟超市"模式是否能够流行还需要市场的检验,但顾客体验满意度是电子商务企业最重要的指标,希望"虚拟超市"能够为顾客提供尽可能方便、舒适的购物过程。

"虚拟超市"收集的数据也是市场调查重要的数据来源,它有许多相比传统研究方法的优点。第一,不像焦点小组访谈、创意测试和其他实验室方法,虚拟商店可以将一个实际的市场完全加以复制。顾客能在一个更现实和复杂多样的环境中购物。第二,调查人员能够迅速地实施并改善这些实验。一旦产品图像被计算机扫描,调查人员便可以在大约几分钟内在各方面做出改变,包括各种品牌的分类、产品包装、价格、促销及货架空间等。因为由购买而产生的信息能被计算机自动地捕捉并储存,所以数据收集迅速而简单。第三,由于展示是在电子操作的基础上创造的,所以测试成本低。一旦硬件和软件就绪,测试的成本就基本取决于被测者的人数。第四,这种模拟具有高度的灵活性,它能用于测试新的营销观念或用于调整现有的计划,它可以排除或者至少控制现场实验中的大量噪声。

这种调研方法对于企业来说最重要的好处是它赋予营销人员实施他们想法的机会,不必实际制造产品和支出广告费及调整销售折扣,不必首先了解新思想是糟糕还是奇妙,产品经理就能测试新的创意。

(二) 问卷调查法

问卷调查就是先根据调查目的和任务要求设计调查问题和项目,然后将调查项目编制成表式,再分发给有关人员,请求填写答案后回收整理、统计和研究。

调查问卷,又称调查表,是借助书面形式来系统地记载调查问题和项目,并以此来收集信息资料的一种问题答卷或表式。

1. 调查问卷的作用

(1) 调查问卷提供了标准化、统一化的数据收集程序,它使问题的表述用语和提问的程序标准化。

(2) 每个调查员询问完全相同的问题,每个被调查者看到或听到相同的文字和问题,使所得数据具有可比性。

2. 优秀调查问卷的标准

(1) 能够完成所有的调查目标,以满足调查使用者的信息需求。

(2) 能够以适当的语言与被调查者沟通,并取得被调查者的合作。

(3) 易于管理,便于记录,可快捷地编辑和检查,方便录入数据。

问卷设计是调查前的一项重要的准备工作。在访问类调查方法中,邮寄调查、面谈调查、电话调查也大多采用调查问卷的形式。

> **精选观点 3-2**
>
> 调查问卷设计的好坏,在很大程度上决定着调查问卷的回收率、有效率,甚至关系到市场调查活动的成败。

问卷调查的最大优点是方法简便、直观灵活、节约时间、材料真实,比较容易整理和统计,可以获得较好的调查效果,是收集第一手资料的有效方法。

(三) 网络调查法

网络调查法也叫网上调查法,是指企业利用互联网了解和掌握市场信息的方式。它是传统调查方法在网络上的应用和发展。

1. 网络调查法的优缺点

互联网作为一种信息沟通渠道,它的特点在于开放性、自由性、平等性、广泛性和直接性等。由于这些特点,网络调查具有传统调查所不可比拟的优势:

第一,网络调查成本低。

第二,网络调查速度快。网上信息传播速度非常快,如用 E-mail,几分钟就可把问卷发送到各地,问卷的回收也相当快。

第三,网络调查隐匿性好。在调查一些涉及个人隐私的敏感问题时,网民是在完全自愿的情况下参与调查,对调查的内容往往有一定的兴趣,因此回答问题时比离线调查更加大胆、坦诚,调查结果可能比传统调查更为客观和真实。应该说,网络调查的隐匿性较离线调查高。网络调查的这一特点可使被访者在填答问卷时的心理防御机制降至最低程度,从而保证填答内容的真实性。

第四,网络具有互动性。网络调查不受时空的限制,可以 24 小时在天南海北、世界各地进行调查。

网络调查也有其缺点,如网民的代表性存在不准确性、网络的安全性不容忽视、受访对象难以限制等。

2. 网络调查的方法

根据调查方法的不同,网络调查可分为网上问卷调查法、网上讨论法、网上实验法和网上观察法等。

> **企业故事**
>
> ### 奔驰公司的 E-mail 调查
>
>
>
> 图 3-3 奔驰标志
>
> 奔驰公司开发一款新车时发了 20 多万份 E-mail 出去，向它们以前的老客户争取意见：假设我们有一款汽车要做，你有什么建议？很难想象的是，3 个月内，它们收到了将近 20 万封意见书。它们把这些意见汇总以后，再跟客户沟通，再反馈。第三回再反馈消息时，剩下了 75000 人。奔驰公司送给这些人每人一部奔驰车的模型，这个模型就是按照这些客户期望的颜色做出来的。例如，你需要红色的，你拿到的就是红色的模型。然后每隔 3 到 6 个月，奔驰公司就发 E-mail 告诉这些客户，当初建议的这部车目前开发到什么进度。最后客户收到一封 E-mail 邀请函：这部车在×月正式推出，你拿着这个邀请函，就可以免费试车。最终，这 75000 人买走了第一批奔驰车，其中 25000 人在一个月内就购买了。试想，一部奔驰车 100 万元，25000 人购买多少钱？250 亿元！奔驰公司花了多少广告费？一封 E-mail 要多少钱？E-mail 几乎是不花钱的。所以奔驰公司只通过 E-mail 往来，就销售了价值 250 亿元的汽车。当李先生去买车时，销售人员已经事先收到了一份他三年前对这款汽车所提供的几个建议。李先生会听到销售人员这样亲切感人的话："李先生，您当初不是建议奔驰车应该这么改吗？我们公司已经把这个地方改了。"你会有什么感觉？"哇！奔驰公司按照我的意见改这个车子了！"最后李先生买了这部车。他还在汽车上面发现了非常漂亮的感谢函。当他把汽车开到朋友面前时，他会说："奔驰车给了我感谢函，你看看这个东西是我建议的。"他会感觉很神气，最后，李先生完全变成奔驰的推销员了。
>
> 智慧点评：
>
> 奔驰公司用较低的成本进行了网络调查，调查对象的选择针对性非常强，获取的信息质量很高，为企业产品的销售提供了有效的参考，同时加深了企业与目标顾客的联系，树立了良好的企业形象，并使顾客成了企业的"推销员"。

实战体验

××休闲服装的市场需求调查

一、确定市场调研项目的主题

调研公司接受了委托项目之后，需要根据委托方的要求，进行市场调研和预测，提供企业所需的各类数据、资料、情报、信息，为企业的经营服务。数讯市场调查公司成立了项目组，指定了项目经理，负责组织实施这项调研任务。在项目经理的带领下，项目组开始着手策划并实施市场调研工作。

(一) 与委托方接洽,明确调研意图

项目经理考虑,首先要与委托方接洽,了解委托方的意图,明确这次调研的目的与任务,才能策划市场调研的方案,并付诸实施。于是,项目经理电话约见该服饰公司的负责人员(可能是公司经理、营销经理等,以下简称委托方)。

项目经理:您好!我是数讯调研公司负责贵公司××休闲服装市场调研项目的负责人,在策划安排这一项目的调研工作之前,需要了解贵公司的一些情况,咨询贵公司对调研项目的调研意图和基本要求,我们能见面谈一下吗?

委托方:可以。明天上午上班后,您到我公司的办公室面谈吧。

项目经理:好的,明天见!

第二天上午,项目经理带领一名项目组成员,到了该服饰公司,与服饰公司初步沟通,双方就公司欲开发的休闲服装市场调研工作初步达成了共识。面对竞争市场,双方认为市场存在以下问题:

(1) 品牌定位不清晰;
(2) 服装款式同质化现象严重;
(3) 服装版型差距大;
(4) 市场推广手法雷同。

项目经理了解到服饰公司希望通过调研,了解相关品牌的特征、消费者的消费倾向、市场的需求情况,为××品牌男士休闲服装寻找新的市场空间和出路。

> **精选观点 3-3**
>
> 市场调查项目委托方与被委托市场调查公司的沟通,使调研人员了解到企业决策者在企业经营管理中面临的问题,即"什么是决策者所要做的"问题。显然,市场调研与预测问题要受经营管理决策问题的影响和制约,不理解委托方意图的调研方案,不会是一个好的方案。

(二) 收集资料,分析问题的背景

现在,项目经理认为项目组必须考虑"什么信息是所需要的,如何获取这些信息"的问题,从而使调研工作能够实现委托方的意图。于是,项目经理召集项目组成员第一次会议。

项目经理:咱们公司承接了广州某公司××休闲服装市场调研项目,项目由在座的各位合作完成。今天召集大家共同商议确定该项目调研方案的有关问题。

调查员:您与服饰公司的人员见过面吗?这次调查的主题您清楚吗?

项目经理:昨天我已经与服饰公司的负责人面谈过了,公司的意图我已经写在发给大家的材料中,大家可以认真看一看。我们要达到公司的意图,需要搜集的就是资料,了解项目面对的市场背景情况。

调查员:既然这样,组长,您分配任务吧。

项目经理在会议上安排项目组成员查阅服饰公司提供的资料,检索了该服饰公司的网站及相关服饰网站,查阅了相关报刊及文献,经过三天的时间收集并整理了以下的资料:

1. 企业资料

从资料中了解到该公司是一家专门生产与经营休闲服饰的企业,该休闲服饰品牌在国内属于大众品牌,公司拥有较好的生产设备与技术人员,自动化水平较高,生产的服装销往全国各地,并在一些城市及较大的商场设有专卖店或专柜,企业的经营业绩处于稳定期。

2. 产品市场资料

公司新推出的产品属于男性休闲服装,市场上同类品牌的服装较多,市场竞争激烈,产品更新周期短,新产品上市快,但近几年随着人们生活水平的提高,生活习惯在发生着改变,休闲服装的销售势头看涨。

3. 消费者资料

穿着休闲装的男士越来越多,且年龄分布趋于分散,职业特征不明显,对休闲服装款式、质地等的要求越来越高。

这些资料的获取,使项目组对于休闲服装市场有了基本的了解,对于企业的经营状况及实力有了进一步的了解,这些都非常有助于项目组准确把握调研意图,明确调研目标。

图 3-4　休闲男装

一般情况下,为了明确哪些信息是调研所需要的,调研人员就要掌握与企业和所属行业相关的各种历史资料和发展趋势,包括销售额、市场份额、盈利性、技术、人口统计、生活方式等,当一个企业的销售额与整个行业的销售额同时下降,或企业的销售额下降而行业的销售额上升时,所反映的问题是截然不同的。此外,调研人员还要掌握与分析企业的各种资源和面临的制约要素,如资金、研究技能、费用、时间等。同时要了解消费者或顾客的购买行为、法律环境、经济环境、文化环境,以及企业开展市场营销的技术,企业的人员、组织结构、文化、决策风格等因素。

二、确定市场调研的主题

第四天,项目组长召开项目组第二次会议,商讨制定该项目的市场调研方案。

项目经理:经过三天的资料搜集与分析工作,我们已经清楚了公司的调研意图,项目面对的产品市场的基本情况,现在可以讨论一下这次调研的目标了。

调查员:请问经理,确定市场调研项目的目标,我们应当遵循哪些规则呢?

项目经理:两个规则。一是能使调研与预测者获得经营管理决策所需的全部信息,二是能指导调研与预测者开展调研与预测活动。比如我们承担调研任务后与服饰公司的洽谈,就是为了获得经营管理决策者的意图,但是只了解意图不行,还必须掌握相关的信息,才能使我们正确开展调研工作,这也是我们这三天工作的目的。

调查员:请您告诉我进行产品市场的需求调研时,需要考虑哪些因素来确定调研主题。

项目经理:我们做的是商品的需求调查,主要应该从商品的需求数量、质量、品种、规格、包装装潢、需求地点和时间、需求的满足程度、市场占有率等方面考虑,并考虑市场需求总量及其构成情况。

调查员:"市场需求总量及其构成"是指什么呢?

项目经理:市场需求总量及其构成,表明全国或地区市场的需求量和构成,是从宏观上对市场需求的调查研究。

调查员：明白了，我们应当针对男装休闲服饰的这些问题，来确定调研的目标。

项目组在分析了解调研项目背景资料的基础上，就服饰公司拟推出的男士休闲服饰的市场调研工作，最终确定了调研项目的目标或者说主题如下：

（1）了解目前男装休闲市场的竞争状况和特征；

（2）了解竞争对手的市场策略和运作方法；

（3）了解男装休闲市场的渠道模式和渠道结构；

（4）了解消费者对男装休闲市场的消费习惯和偏好；

（5）了解男装休闲市场的品牌度竞争；

（6）了解消费者对男装休闲产品的认知和看法。

本次市场需求调研最根本的目的是真实地反映休闲服装市场的竞争状况，为××品牌的定位及决策提供科学的依据。

三、策划市场需求调研方案

调研项目的主题已经确定，项目经理继续组织项目组成员研究策划市场调研的方案。凭经验，项目经理要求大家从调查范围与对象、资料的收集方式、调查问卷的设计、数据的处理与分析、调查报告几个方面进行考虑。项目组继续进行第二次会议，研究策划调研方案。

（一）确定调研对象

项目经理：下面我们需要围绕调研主题，设计项目的调研方案。大家认为我们都需要搜集哪些资料、在哪些城市开展调查、调查哪些企业和消费者呢？

调查员：全国关于休闲服装生产与销售行业的经营情况的资料必须搜集。

项目经理：是的。这些资料可以让服饰公司给我们提供一些，也可以通过网络检索一些。

调查员：经理，服饰公司能给我们提供各地的零售商和代理商的名册和联系方式吗？

项目经理：公司已经给我们了。

调查员：太好了，这样我们就可以很方便地找到他们，了解情况，收集资料。

项目经理：顾客的需求、消费者的情况是调研资料的主要部分，所以我们还需要抽查一些消费者和销售商。

调查员：经理，这家公司经营范围比较广，我们找哪些地方的经营者和消费者调查呢？

项目经理：考虑这次项目的经费，另外时间也比较紧，我们就以公司所在城市为主要调查地，另外考虑南方的6—7所城市吧。

调查员：为什么只调查南方的城市呢？

项目经理：这家公司经营的服饰主要销往南方城市。

项目组成员商议后，形成以下共识：

1. 信息资料及来源界定

围绕项目主题，调查组认为需要收集下列资料：

（1）同类企业（竞争对手）的相关资料、休闲服装市场的背景资料。这些资料主要通过互联网、委托企业获得。

（2）零售商与代理商经营情况资料。这些资料在委托方提供名录后，通过有针对性的实地调查获得。

（3）消费者信息资料。这些资料要调查人员选定调查的个体对象后获取。

2. 调研的范围界定

由于服装公司的服装销售渠道是本地及国内其他城市的商场专柜、专卖店,消费者为成年的男性,竞争对手为国内同类的生产厂家。项目组成员经过讨论确定广东省的三所城市广州、深圳、中山,省外海口、福州、上海、杭州、成都五所城市作为调研地,并且以这些城市的商业中心为焦点,同时考虑一些中、高档生活小区。

3. 调研单位界定

调查对象是调查的范围及需要调查的现象的总体,范围确定后,项目组确定所要调查的单位为:

(1)零售商:商场的零售专柜经营者;

(2)代理商:专卖店经营者;

(3)消费者:成年的男性。

(二)确定资料收集的方法

调查员:我们已经确定了调研的对象,下面需要商量什么呢?

项目经理:商量一下收集资料的方法吧,大家考虑面对零售商、代理商、消费者三类对象,我们该采取什么方法收集调查资料?

调查员:消费者调查肯定要设计问卷,通过访谈了解情况。零售商和代理商怎么办?

项目经理:我考虑事先拟定一个提纲,实地访谈和考察比较好。因为零售商与代理商不仅可以为我们提供经营业绩性的资料,还可以为我们提供竞争对手、消费者情况的资料,问卷调查很难完全获取想要的信息。

调查员:还需要收集其他资料么?

项目经理:我们可以通过网络、文献等获取一些背景资料,也可以让服饰公司再提供一些竞争对手资料,宏观竞争市场资料。

根据所确定的资料来源和调研对象,考虑调研工作的人力状况与财力预算,项目组设定本次调研的资料收集根据不同对象与资料类型,以多种形式进行。

1. 文献法收集行业背景资料

通过检索同类企业的经营资料、相关网站与媒体提供的信息资料等,获取对于目前男装休闲市场的竞争状况和特征、竞争对手的市场策略和运作方法等问题的调研资料。这部分属于二手资料,所检索的企业、资料等随机确定。

2. 访谈法、观察法获取零售商、代理商的资料

对调查城市的零售商、代理商进行普查,通过访谈、实地考察收集原始资料。

3. 问卷法获取消费者的信息资料

便利抽样保证样本的广泛性,配额抽样保证了样本的代表性,采用便利抽样和配额抽样的方法得到调查样本对象,然后发放调查问卷收集原始资料。

(三)策划调查问卷及调研提纲的内容

项目经理:现在,我们再商议一下问卷及访谈提纲问哪些问题吧。

调查员:消费者调查可以从职业、爱好、喜好的品牌几个方面来考虑,设计调查问卷。零售商、销售商的调查呢?

项目经理:零售和代理商访谈,要考虑销售业绩、顾客情况、其他休闲品牌经营者情况等。

1. 调查问卷的内容设计

问卷设计的质量对调查结果会产生至关重要的影响,问卷提供了标准化和统一化的数据

收集程序,它使问题的用语和提问的程序标准化。针对调研主题与方法,项目组认为必须设计面向消费者个体的调研问卷。

(1) 问卷结构要包括说明部分、甄别部分、主体部分、个人资料部分,访问员记录、被访者记录。

(2) 问卷形式采取开放性和封闭性相结合的方式。

(3) 问卷按照被调查者思考问题和对产品了解的程度来设计。

(4) 主要问题的构想:消费者所在单位及职业、对于休闲服饰着装偏好、曾经购买休闲服饰的情况、最近购买意愿、对于休闲服饰品牌的认知等。

2. 零售商与代理商的访谈提纲

访谈的内容应当围绕以下的几方面问题设定。

(1) 所销售或代理的服装的经营情况。包括销售额、利润、进货周期、畅销款式等。

(2) 消费对象(顾客)的信息资料。包括顾客的年龄、职业、款式偏好、价位承受力、回头客的多少,淡季与旺季,新款服饰的销售情况等。

(3) 竞争对手的信息资料。同类品牌休闲服饰的销售情况与业绩。

(四) 研究资料处理技术

项目经理:数据处理分析是调查的收获阶段,数据处理与分析技术的高低,直接影响着调研的质量。现在,我们再商议一下调查资料的处理方式吧。

调查员:经理,资料收集上来后,我们是不是要安排专人先审核一下,剔除无效的、不合格的问卷,确定资料的可靠性。

项目经理:当然需要安排专人负责资料的审核整理,并且编码录入。最后要做统计分析。

调查员:我知道,利用Excel做统计图表,再做统计分析就行了。

项目经理:这还不行,因为需要了解各类消费者消费特征、竞争情况等,还要加上SWOT分析等。

项目组经过认真分析与讨论,计划按照以下方式分类处理与分析信息资料:

1. 关于数据信息录入的技术

对于回收的问卷,项目组责成专人负责,在统一审核的基础上,首先要剔除无效的问卷,之后对问卷进行统一的编码,即将问卷中的开放题或半开放题的答案用标准代码表达出来,便于电脑统计。为了确保原始码表趋于完善,应当选择不同地区、不同层次的问卷分别编制。数据录入利用Excel工作簿完成。

2. 关于数据信息分析技术

(1) 可以使用专业的市场调研软件SPSS对问卷进行数据分析,也可以使用Excel软件的统计分析功能进行数据分析。

(2) 数据分析的方法:对于调研问题采用SWOT分析等方法进行。

(五) 商议调研项目的组织安排

调查员:经理,就我们几个人完成全部项目调研工作吗?

项目经理:当然不是。大家将被派往各调查城市,负责督察样本资料的收集。每个城市,你们可以到当地高校召集一些经管类专业的大学生作为我们的访谈员。

调查员:谁来培训他们呢?

项目经理:我会做出统一的招聘规定,并做好培训资料发给大家,大家按要求做就可以了。

调查员:聘用人员的费用支出标准怎么定呢?

项目经理：各个城市可以执行不同的标准,大家可以参照当地工资水平确定标准后上报审批。

项目经理提出了下面的安排意见：

（1）地区间通过互联网保持联系,每个调查城市派1名公司督导,各城市聘1名全职、熟练的专业人员来完成调研实施管理工作。

（2）人员招聘渠道由项目组与当地高校联系,以招聘在校大学生为访问员和兼职助理督导为主。主要为女性,有经验者优先录用。

（3）人员培训要统一制作培训资料,内容应当涉及职业道德、访谈技术、项目内容介绍、模拟演练等。

（4）按照委托方的时间要求在30天内完成调研及分析工作。

（5）经费预算由项目经理与公司商议确定。

小资料 3-3

市场调查公司承接一个市场调研项目之后,进行项目的整体策划,通常需要考虑哪些问题,按照什么步骤进行呢？

规划设计一个调研方案,应当围绕调研项目的基本要求,主要确定调研目标、资料收集的类型及方法、调研的范围与对象、问卷设计、资料的处理方法、组织安排计划等。可以参照下面的步骤进行：

1. 确定调查目的

调查者需要在分析调研问题与企业和所属行业相关的各种历史资料和发展趋势（包括销售额、市场份额、盈利性、技术、人口统计、生活方式等）基础上,掌握企业的各种资源和面临的制约要素,分析决策者的目标,通过与决策者讨论、会见专家、分析有关的二手资料、开展定性调查等,确定市场调研与预测问题及目标。

2. 确定调查的对象和调查单位

调查对象是依据调查的任务和目的而确定的调查范围内需要调查的现象总体,而调查单位是相应的个体,这些是必须确定的。

3. 确定调查内容和调查表

涉及如何把已经确定了的调查课题进行概念化和具体化,解决调查内容如何转化为调查表的问题。

4. 确定调查方式和方法

根据调研项目所要解决的问题和所要实现的目标,考虑获取信息资料的成本,确定需要哪些信息资料,然后逐项考虑其可能的来源,结合调研与预测队伍的状况和预算,确定资料收集的方法。

5. 调查项目预算

根据调研工作量的大小,确定工作对调研人员的要求及需求规模,设定调研需要的必备物资,充分考虑到各项可能的开支因素,尽可能确切地估算可能需要的经费总额。

6. 数据分析方案

预先对资料的处理与分析进行设计,形成资料处理的计划,其中应包括确定资料处理的基本目标和要求,数据资料的处理技术,使用的分析软件,数据资料的处理结果及形式等。

7. 其他内容

包括确定调查时间,安排调查进度,确定提交报告的方式,调查人员的选择、培训和组织等。其中,调查时间规划必须在保证满足项目完工的日程要求的前提下,充分考虑各项工作的逻辑顺序、各项工作的难易程度、调研与预测力量的使用可能等因素,考虑到意外情况的出现,留有充分的时间余地,进行精心设计。

小资料 3-4

市场调研项目策划是对调研工作的整体构想,要想保证策划的科学性、可行性,应该把握的关键问题在哪里?

市场调研目标的实现,最关键的因素是准确把握决策者需要了解的问题及信息资料,这需要调研人员与决策者(或委托方)在充分沟通的基础上,进行大量的前期资料查询,有时还需要进行一些前期的调研,才能较好地把握。另外,周密策划调研对象与内容,才能确保收集的信息资料是必需的、正确的。

案例分析

新能源汽车消费市场需求及影响调查报告分析

思考:

根据对新能源汽车需求及影响调查报告的分析:
1. 消费者对新能源汽车有哪些方面的需求?
2. 哪些因素影响了消费者对新能源汽车的需求?

图 3-5　新能源汽车强调绿色概念

2015 年 8 月 11 日,中汽协发布最新中国汽车市场销售数据显示,7 月我国汽车产销量同比继续下降,连续 3 个月低于上年同期水平,前 7 个月产销增速均低于 1%。

新能源汽车销售数据却实现了同比翻倍的增长。7 月新能源汽车生产 19307 辆,销售 16884 辆,同比分别增长 2.2 倍和 3.3 倍;1—7 月新能源汽车共生产 95530 辆,销售 89549 辆,同比分别增长 2.5 倍和 2.6 倍。

在新能源汽车呈现高速增长的大背景下,尼尔森与中国汽车工业协会连续第四年联合发布《中国汽车消费者白皮书》,聚焦新能源汽车的消费变局,于 2015 年 4 月对全国不同级别城市 700 位汽车购买者进行调查,包括现有车主和潜在用户,就消费者购车需求进行了深入研究。

以下是相关调查结果。

要看消费者对于新能源汽车的需求,先看消费者对于汽车的基本需求有哪些地方:第一个方面消费者非常在意的是省油,不管什么汽车第一位要省油;第二是安全性能;第三是环保。由此可见,我们新能源汽车在其中两方面很有优势,一个是省油,一个是环保。

我们知道新能源汽车发展方向有多种,很多地方存在不确定性,如果早期阶段我们理解用户需求,有的放矢,可以达到事半功倍的效果。

1. 消费者最看重新能源车的续航能力

根据我们的调查,从排量方面来讲,消费者主要关注的还是1.3 L到1.6 L之间的产品,这个比例占到了45%,2.0 L以下则占到了92%,可以说在关注新能源车的消费者当中,没有多少人是热衷大排量的。

换句话说,消费者更希望新能源车在中型车和小型车当中出现。按照细分市场的划分,紧凑型车和中级车都受到了超过50%的关注,令人意外的是SUV车型排在第三。

从动力类型方面来讲,消费者的主要期待有汽油电混合动力汽车和纯电动汽车。其他动力形式的新能源车,相对来说还没有被太多消费者所认知。

2. 插电式混合动力汽车需求有待重视

就今年上半年的新能源汽车销量而言,纯电动汽车几乎达到了插电式混合动力车销量的两倍,这可能与政府的支持和更高的价格补贴有关。中国汽车企业一直在积极地开发纯电动汽车,而插电式混合动力汽车投放市场的产品并不多。

得益于产品及市场推广上的双重投入,纯电动汽车的消费者认知度(72%)远远高于插电式混合动力汽车(48%)。尽管如此,调查数据显示,在了解该技术的受访者中,对于插电式混合动力汽车的购买意向(14%)却要高于纯电动汽车(8%)。

"纯电动汽车与插电式混合动力汽车之间的市场份额和购买意愿呈现出一定的反差。由于续航能力较强,充电设施依赖性较低,插电式混合动力汽车似乎对中国消费者有较高的吸引力。"尼尔森中国汽车行业总监赵新智表示。

3. 新能源汽车的价格有待降低

消费者不愿意新能源汽车比传统汽车花费高太多,至少应该跟传统汽车接近。

当然这个价格包含了购买价格和使用费用两部分。从购买价格看,消费者希望新能源汽车要跟传统汽车价格有一拼,价格基本接近,甚至如果便宜10%就更好了。

从使用费用看,主要是油耗的费用,大家都说新能源汽车省油,目前调研的结果显示,许多用户期望新能源汽车比传统汽车至少省油30%左右。这样的话才有可能接受新能源汽车。

4. 新能源汽车产品性能及售后服务亟待提高

和以往调查结果类似,续航里程短、充电时间长以及维修点少成为新能源汽车还不能完全被大众所接受的三个最主要因素。消费者在愿意尝试使用新技术的同时并不想大幅牺牲出行的距离和充电所需的时间。

然而,市场上目前销售的大多数纯电动汽车,完全充电后可行驶里程在150—200公里之间,这距离消费者对期望的最大续航里程平均值248公里还有明显差距。

就充电时间而言,当前的大部分电动汽车产品需要6—8小时才能将蓄电池充满电,快速充电需30—40分钟。

而消费者期望纯电动汽车完全充电预计平均为4.7小时,而快速充电为24分钟。售后保障不足对于计划购买新能源汽车的消费者来说又是一大制约因素。关于售后保障,他们期望有更多的充电设施(49%),合理的维修费用(48%),更长的保修期(45%),以及充足的、售价合理的零件供应(42%)和免费的电池检查、置换和回收服务(38%)。

5. **能源动力应在多样化车型中应用**

消费者对于车身类型的偏好也在发生改变,与三厢轿车相比,中国消费者对于衍生车型更感兴趣。白皮书显示,在汽车消费者考虑购买的车型中,三厢轿车(88%)、5 座 SUV(76%)以及两厢轿车(45%)位于前列。

此外,还有 31% 的受访者表示考虑购买 7 座 SUV,27% 的更青睐 5 座 MPV。这意味着汽车企业有机会将新能源动力应用到更多样化的车身类型上,三厢轿车不再是新能源汽车的唯一选择。

6. **体面理性族和年轻奋斗族最易接受新能源汽车**

调查显示,计划购买纯电动汽车和插电式混合动力汽车的潜在购车者对替代能源技术持有相同的态度。他们认为新能源汽车的推广是势不可当的,使用新能源汽车也有助于提升他们的个人形象。他们同样对这种前沿技术表示好奇且非常愿意尝试。

插电式混合动力汽车和纯电动汽车也各有偏好的用户群体。一线城市的体面理性族对插电式混合动力汽车更感兴趣,他们希望通过新能源车来引领技术潮流,追求个人的品位形象,年龄主要集中在 35—39 岁。二、三线城市的年轻奋斗族则对纯电动汽车更感兴趣,他们多为 25—29 岁的男性,收入不高却有极强的环保节能意识。

⚓ 实训练习

实训一　需求量变化原因分析

今年国庆假期结束以后,上海商人李先生又把自己位于后滩的房子"挂"出去了。这是李先生第二次打算出售自己的房子,第一次是去年年底那会儿,108 平方米的房子,准备卖 520 万元,过了一个多月无人问津,少数几个来看房的也没有表现出太强烈的购买欲望。今年以来,二手房交易持续升温,带动了消费者的购房热情。

李先生审时度势,决定再次挂牌出售。中高档房需求量下降和上升的原因可以成为具体的调查目标,请你列出中高档房需求量下降和上升的可能原因。

实训二　中职学生智能手机市场需求调查

1. **实训背景**

随着手机等电子产品的普及,中职学生使用智能手机也越来越普遍。华为手机拟调查中职学生的智能手机使用状况及市场需求。

请为该公司设计市场需求调查的调查目的、调查内容和调查方法,并设计手机市场调查的调查方案。

2. **实训组织**

第一步:组建实训小组。将教学班学生按每组 6—8 人的标准划分为若干个课题小组,每个小组指定或推选出一名小组长。

第二步:明确实训目的和要求。由指导教师介绍实训的目的和要求,对"调查市场需求"的实践价值给予说明,调查学生实训操作的积极性。

第三步:实施实训操作。每个小组根据市场调查的背景资料及实训要求,调配资源,明确小组成员的任务,设计市场调查目的、调查内容和调查方法,并制作PPT课件。

第四步:陈述实训结果。集中安排各小组推荐发言人代表本小组,借助PPT课件,向全班陈述本小组的实训结果,接受"质询"。

第五步:教师点评每组实训情况,并由全班进行投票,评选出该次实训的获奖小组,给予表扬和奖励。

3. 实训考核

实训成绩依据学生上课出勤、课堂讨论发言、市场调查目的和内容与调查方法的设计水平、PPT课件制作水平、实训结果陈述水平等进行评定。首先,小组长根据学生出勤、讨论发言等评定出每位成员的个人成绩档次(优秀、良好、中等、及格和不及格);然后,指导教师根据小组提交的市场调查目的、内容和方法的设计结果及PPT,综合评出各小组成绩;最后,根据以下公式计算出每位学生的最终成绩。

个人最终成绩 = 30% × 表3-1中的成绩 + 70% × 表3-2中的成绩

表3-1 小组长评定组内成员成绩表

小组成员姓名	小组成员成绩(分)				
	优秀 (90以上)	良好 (81—90)	中等 (71—80)	及格 (60—70)	不及格 (60以下)

表3-2 指导教师综合评定每组实训结果成绩表

评价内容	分值(分)	评分(分)
调查目的明确且符合要求	20	
调查内容的完整性、调查方法的合理性	30	
实训PPT的设计质量和效果	30	
实训汇报的表达效果	20	
实训总体评分	100	

实训三 与企业专家对话

由学校统一组织安排,让学生分组与企业专家对话交流,使学生对市场需求调查的概念和重要性有更加深刻的了解,了解市场需求调查在企业经营过程中是如何应用的。学生所提主要问题可参考如下:

1. 您的企业需要市场需求调查吗?需要具体调查哪些方面?

2. 您的企业是怎样进行市场需求调查的?
3. 您的企业进行过市场需求调查吗?调查过市场需求的哪些方面呢?
4. 您觉得市场需求调查有什么意义?

以采访的形式(可电话采访)或直接对话,并录制采访录音或录像保存起来。

【成果与检测】

针对不同的企业家,全班组织讨论并写下自己的访谈报告,每组派代表向全班汇报。

项目四
调查市场供应环境

学习目标

1. 说出市场供应环境调查的含义。
2. 说出市场供应环境调查的必要性和市场供应环境调查的内容。
3. 列举供应商调查的主要内容。
4. 能识别调查问卷基本结构中的各个部分。
5. 能识别调查问卷中问题的提问方式。

项目背景

彭景有限责任公司欲进军电脑组装市场,因此特委托数讯市场调查公司对我国的电脑配件供应环境做一个全面细致的调查。

任务热身

1. 什么是市场供应环境调查?为什么要进行供应环境调查?
2. 市场供应环境调查的主要内容是什么?
3. 如何开展供应环境调查?

企业建言

对企业而言,了解其所需原材料及所需购买商品的市场供应状况、价格等信息,能够制定合理的采购计划,降低成本,提高产品竞争力。为了选择最具潜力的供应商,无论是在新产品的开发阶段,或是在正常生产的供货期间,供应市场的调查都扮演了具有影响关键性决定的角色。其中对供应商的选择与管理也成为造就企业竞争力的有效手段,谁拥有具有独特优势的供应商,谁就能赢得竞争优势。选择良好的供应商可以缩短交货期,提高产品质量,降低成本,提升企业在市场竞争中的应变能力。

许多大公司,像IBM、本田、朗讯科技和飞利浦电子等公司已经引入了公司商品团队的概念,负责在全球范围内采购战略部件和材料,他们不断为所需要的材料和服务寻找第一流的供应商。

知识储备

一、市场供求关系与市场供给的含义

市场供求关系是指在商品经济条件下,商品供给和需求之间的相互联系、相互制约的关系,它同时也是生产和消费之间的关系在市场上的反映。市场供给是指在一定的时期内,一定条件下,在一定的市场范围内可提供给消费者的某种商品或劳务的总量。市场商品供应量标志着能够满足消费者购买力所需求的商品供应能力,是扩大商品流通、繁荣市场、稳定物价、促进工农业生产不断发展和逐步提高人民物质和文化生活水平的物质基础。

二、企业进行市场供应环境调查的原因

市场供应环境调查是指为了满足企业目前及未来发展的需要,针对所采购的商品,系统地

进行供应商、供应价格、供应量、供应风险等基础数据的搜集、整理和分析，为企业的采购决策提供依据。而市场供应环境是指与企业供应管理活动有关的宏观环境因素、供应商所处行业环境因素以及企业内部微观环境因素等。基于以下原因，企业需进行市场供应环境的调查。

（一）技术的不断创新

无论是生产企业还是商业贸易，为保持竞争力必须致力于产品的创新和质量的改善。当出现新技术时，企业或公司在制定自制、外购决策中就需要对最终供应商的选择进行大量的研究。

（二）供应市场的不断变化

国际国内供应市场处在不断变化之中。例如，国家间的政治协定会突然限制一些出口贸易，供应商会因为突然破产而消失，或被其竞争对手收购，价格水平和供应的持续性都会因此受影响。因此企业必须预期某一产品供需状况的可能变化，并做出相应的调整。

（三）社会环境的变化

例如近年来我国东部地区，相对较高的工资水平已经造成了供应商市场的变化：许多厂商将自己的生产地都转移到了工资水平相对较低的西部地区。

（四）产品的生命周期及其产业转移

产业转移、技术进步不仅改变了供应市场的分布格局，整体上降低制造成本，也给采购的战略制定、策略实施及采购管理提出了新的要求，带来了新的变化。因此，需要对市场供应状况进行调查。

精选观点 4-1

现代企业的生产经营活动日益受到环境的作用和影响，供应管理活动也不例外，既受到外部宏观环境和供应市场的制约，也受到企业内部部门间协调配合程度的影响。所以，企业要制定供应政策，首先必须全面、客观地分析供应环境的变化。

三、进行市场供应状况调查的时机

由于进行市场供应状况调查必须动用许多资源，故多数公司均是在面临以下情况时，才会考虑进行：

(1) 评估何处是最具竞争力的供货来源（国家或地区）。
(2) 构思并开发新产品。
(3) 面临目前供应商无法在生产力上满足竞争的问题（即价格没有竞争力）。
(4) 面临"自制或外购"(make or buy)的决定。
(5) 拟改善目前供应商的结构，这可能是因为：①目前的供应商为独占(monopoly)或寡占(oligopoly)的情况；②与目前的供应商不确定是否能保持长期的合作关系；③不满意现有供应商服务品质或技术水准等；④现有供应商已成为自己的竞争对手；⑤不满意现有供应商的产能表现。

四、市场供应环境调查的内容

（一）企业内部环境调查

企业内部环境主要包括以下几个方面：

1. 领导对采购工作的重视程度

这主要看企业的高层领导是否认识到采购管理对产品质量和价值的贡献以及企业利润的贡献,在企业流程中将采购管理放在什么位置。

2. 各部门对采购工作的支持力度

主要察看销售部门是否及时提供顾客订单调整情况和顾客反馈信息,财务部门是否有充足的资金保证,设计部门提供原材料、零部件变动情况的及时程度,人力资源部门是否提供适合采购管理人员的激励机制、薪酬水平和培训机会等。

3. 信息技术在采购工作中的应用程度

调查企业是否利用现代化的电子信息和网络技术对采购进行有效的管理,是否把电子信息技术应用到日常采购工作上。

(二) 供应商及其所处的行业环境调查

供应环境一方面是供应商因素,包括供应商的组织结构、财务状况、产品开发能力、生产能力、工艺水平、质量体系、交货周期及准时率、成本结构与价格等;另一方面是供应商所处行业环境因素,包括该行业的供求状况、行业生产与库存量、行业集中度、供应商的数量与分布等。

根据产品组织理论,供应商所处行业的市场结构可划分为以下几种不同情况:

1. 完全竞争市场

供应商处于完全竞争市场时,市场信息完备、透明度高、产品结构、质量、性能和价格在不同的供应商之间几乎没有差异,如农副产品。

2. 垄断竞争市场

供应商处于垄断竞争市场的比例最高,这样的市场上有大量供应商的存在,各供应商提供的产品各有特色,没有一个是占明显优势的,相互之间也存在竞争,厂商进入或退出市场的障碍较小,供应商的讨价还价能力不强,交易双方都能够获得足够的信息。如大多数日用消费品、家电企业和工业产品。

3. 寡头垄断市场

供应商处于寡头垄断市场时,几家大供应商占据绝大多数市场份额,企业进入障碍高,供应商的讨价还价能力强,如石油、电信等。

4. 完全垄断市场

完全垄断可分为自然资源垄断,如矿产资源;政府垄断,如铁路、邮政。在这样的市场上,供应商只有一家,所以在交易中占绝对优势,完全控制了价格。

五、供应商调查的内容

供应商所供产品的质量和价格决定了最终消费品的质量和价格,其在交货、产品质量、提前期、库存水平、产品设计等方面都影响着最终产品的市场竞争力、市场占有量和市场生存力。因此,对供应商的调查是市场供应状况调查的重点。供应商调查的主要内容有:

(一) 质量

采购的原材料质量决定了最终消费品的质量,影响着产品的市场竞争力和占有率。因此,质量是供应商调查的一个重要内容。

(二) 价格

采购价格低,意味着企业可以降低其生产经营的成本,对企业提高竞争力和增加利润,有着明显的作用。

(三) 交货准时性

能否按约定时间和地点将产品准时运至直接影响企业生产和供应活动的连续性。若交货不及时,也会影响企业的库存水平,继而影响企业对市场的反应速度,打断生产商的生产计划和销售商的销售计划。

(四) 品种多样性

要想在激烈的竞争中生存和发展,企业生产的产品必须多样化,以适应消费者的需求,达到占有市场和获取利润的目的。因此,供应商的原材料品种也应多样化,以适应生产的要求。

(五) 其他因素

主要包括供应商设计能力、特殊工艺能力、整体服务水平、项目管理能力等因素。

六、供应环境调查的程序

(一) 确定供应环境调查的目标

企业的供应环境涉及面广、因素复杂,所以在进行供应环境分析时首先要明确目标,通常是解决供应管理中发现的新情况和新问题,使最终形成的分析报告有针对性。

(二) 二手资料搜集和分析

搜集和分析二手资料,可以快速而经济地获取初步的信息和结论,确认是否有必要进行供应环境调查。二手资料的来源包括:国家有关部门发布的政策方针、发展规划、计划及经济信息,互联网信息,从刊物发布的信息资料、广告及供应商提供的资料等。

(三) 设计供应环境调查方案

供应环境调查方案设计是为实施供应环境调查所做的计划,包括确定调查对象、资料搜集方法、时间安排和组织配备等。

(四) 实施供应环境调查

企业供应部门可以采取多种形式进行供应环境调查。在调查过程中要紧紧围绕调查的主题、突出重点,需要调查的问题要具体明确。

(五) 编写供应环境调查报告

搜集到的资料经过整理、分析汇总,进行分析研究,得出符合客观实际的调查结论,对供应决策提出建议。

认真研究各种原材料供需现状的发展趋势,特别是分清哪些原材料处于卖方市场,哪些原材料处于买方市场,哪些原材料供需基本平衡。根据调查结果,分别采取不同的采购策略。

七、调查问卷的基本结构和提问方式

(一) 调查问卷的基本结构

一般来说,调查问卷包括标题、开场白、调查问题、调查对象的情况、结束语几个部分。

(1) 标题主要说明这是一份关于什么的调查问卷,如"家乐福超市购物满意度调查问卷"等。问卷标题简明扼要,点明调查目的或资料目标。

(2) 开场白也叫卷首语,一般包括如下内容:

① 自我介绍,让调查对象明白你的身份或调查主办的单位;

② 调查的目的,让调查对象了解你想调查什么;

③ 回收问卷的时间、方式及其他事项,如告诉对方本次调查的匿名性和保密性原则,调查

不会对被调查者产生不利的影响,真诚地感谢被调查者的合作,答卷的注意事项等。例如:

亲爱的同学:

您好!为了了解全校同学突发状况下安全逃生知识的掌握状况,我们受学校德育处的委托正在全校进行网上调查。非常感谢您能够作为学校学生的代表参加调查,提供您的看法与意见,希望能够得到您的大力支持与合作。本调查不记名,数据由后台统一处理。能倾听您的意见,我们感到十分荣幸。谢谢!

××学校团委
××××年×月

(3) 调查问题,这是调查问卷的主体,其具体内容视调查目的和任务而定,它是整体调研成功与否的关键部分。提问方式一般有开放式和封闭式两种。

(4) 调查对象的情况,如年龄、性别、职业、住址、教育程度等,以备分类研究之用。

(5) 结束语,对调查对象的配合表示谢意。

(二)调查问卷的提问方式

1. 开放式问题

开放式问题是指调查者不提供任何可供选择的答案,由被调查者自由答题,这类问题能自然地充分反映调查对象的观点、态度,因而所获得的材料比较丰富、生动,但统计和处理所获得信息的难度较大。例如,"你心目中理想的教师形象如何"、"你在学校学习中最苦恼的问题是什么"等。

表 4-1 开放式问题的主要题型

形式	解释	示例
完全同意	任意发挥	您对本旅行社有何意见或建议?
连字式	提供相应的字让对方发挥	当听到下列词时,您想到的是什么?旅行社____;九寨沟____;旅行____。
完成句子	请对方完成一个未完成的句子	我出去旅行时,选择旅行社的标准是:____。
续成故事	请对方发挥想象,完成一个未完成的故事	我来到旅行社前,走下出租车,……(请您完成下面的故事)
看图说话	提供一幅画请对方做描述	略

2. 封闭式问题

封闭式问题是指在问卷上的每一个问题都给出可供选择的答案,要求被调查者从中做出选择。封闭式问题的优点是易于回答,答案规范,易于数量化的统计和分析;缺点是问题设计起来比较难,需要调查者预先做大量的资料准备工作。

(1) 肯定否定式:对问题只给出肯定或否定两个答案,被试从中选择一个。比如,"你喜欢学数学吗? A. 是的;B. 不是。"

(2) 多项选择式:在每个问题后列出多项答案,让被试选择,选择的数量可以限制,也可以不限制。例如,"对你填报高考志愿影响最大的人是:A. 父母;B. 老师;C. 同学;D. 同性朋友;E. 异性朋友;F. 兄弟姐妹;G. 其他人(请具体填写)。"

(3) 排列顺序式:在每个问题后列出多项答案,让被试按某种标准将其排列成顺序。例如,"下列因素可能对你选择未来职业有影响,请你按各项因素的重要性程度排列成顺序,并将排列序号填在各选项前的括号中(具体选项略)。"

(4) 等级评分式:提出问题后,让被试回答其程度,程度用文字、数字、线段单独或组合排列成连续的等级。例如,"你是否喜欢学习? A. 非常不喜欢;B. 比较不喜欢;C. 一般;D. 比较喜欢;E. 非常喜欢。"

小资料 4-1

设计问卷的注意事项

为了提高问卷的信度和效度,问卷设计时需要注意以下问题:

① 问卷中所提的问题,应围绕研究目的来编制,力求简单、明了,含义准确。不要出现双关语,避免片面和暗示性的语言。如"太阳底下最光辉的职业是教师,你喜欢教师职业吗?"

② 问题不要超过被调查者的知识、能力范围。如对小学生的问卷不要出现"你认为哪家商场的营销比较疲软"的问题。

③ 问题排列要有一定的逻辑次序,层次分明。问卷的目的、内容、数据、卷面安排、标准答案等都要认真地推敲和设计。

④ 调查表上应有留给供人填写答案的足够空间,并编有填写调查单位的名称、填表人的姓名和填表年月日的栏目。

⑤ 问卷形式可以封闭式和开放式相结合,问题数量要适度,一般应控制在 30 个问题以内,最好在 20 分钟内能答完。

⑥ 为使调查结果更为客观、真实,问卷最好采用匿名回答的方式。

企业故事

手机硬件供应商的倒闭调查

2015 年 10 月 8 日深圳福昌公司发了一则倒闭公告,揭开了手机硬件供应商生存现状的一个边角。

1. 手机硬件供应商接连倒闭

据媒体报道,中兴华为一级供应商福昌电子 10 月 8 日突然宣布,公司因资金链断裂,决定即日起停止生产、放弃经营。福昌电子系深圳明星企业,主要生产手机壳的上盖、下盖、中框,以及机顶盒配件,为中兴、华为、TCL 等手机厂商供应手机配件。

巧合的是,一个月之前,龙岗区上演过雷同的一幕。2015 年 9 月 8 日,深圳市鸿楷兴塑胶制品有限公司也发布了一个不足 50 字的公告,宣布倒闭。

此前,一家给惠普提供塑料外壳的模具生产商也宣告倒闭,供货商的欠款仍未还上。但像福昌这种中上游的供应商倒闭情况并不多见。

2. 硬件供应商勉强生存

IHS Technology 中国研究总监王阳告诉《证券日报》记者,手机公司基本都不赚钱,他们的供应商日子也好不到哪去。手机硬件供应商赚钱的少,都是勉强生存。

有媒体援引知情人士的说法称,福昌的倒闭,主要是因为整个手机行业配件的利润降低;对华为和中兴来说,供应商的利润空间减少,主要是因为这些企业不愿意进行企业升级导致的。

王阳告诉记者,福昌电子供应低价塑料壳,而现在手机流行金属外壳。据了解,华为从去年开始大规模使用金属外壳,塑料外壳的市场越来越少,供应商产业升级跟不上,自然就接不到订单。

3. 落后产能遭淘汰

据记者了解,因产业不升级导致订单减少、资金链断裂的并不只有福昌电子一家,这是目前整个手机配件行业都遇到的问题。

从2014年11月份至今,将近一年的时间里,手机供应商倒闭的消息不断传出。

除了企业自身的技术跟不上,还有一部分原因是劳动力成本上升、利润微薄,这些都让手机代工业和加工业的经营越发艰难。

王阳在与《证券日报》记者交流时表示,现在淘汰落后产能,加上手机市场也增长乏力,市场对创新乏力的供应商淘汰作用明显。

(转自新浪科技:http://tech.sina.com.cn/t/2015-10-13/doc-ifxirmpy1551471.shtml)

 实战体验

我国电脑配件行业发展前景市场调查目录

数讯市场调查公司根据彭景公司的要求,列出了本次电脑配件供应环境调查的目录,如下:

第一章 2014—2015年世界电脑配件行业发展现状分析

第一节 2014—2015年世界电脑配件发展概况

一、世界电脑配件市场供需分析

二、世界电脑配件主要产品价格走势分析

第二节 2014—2015年世界主要国家电脑配件行业发展情况分析

一、美国

二、日本

三、欧洲

第三节 2014—2015年世界电脑配件行业发展趋势分析

第二章 2014—2015年中国电脑配件行业发展环境分析

第一节 2014—2015年中国经济环境分析

一、宏观经济

二、工业形势

三、固定资产投资

第二节 2014—2015年中国电脑配件行业发展政策环境分析

一、行业政策影响分析

二、相关行业标准分析

第三节 2014—2015年中国电脑配件行业发展社会环境分析

一、居民消费水平分析

二、工业发展形势分析

第三章 2014—2015年中国电脑配件行业运行形势分析

第一节 2014—2015年中国电脑配件行业概况

一、电脑配件发展现状

二、中国电脑配件生产技术分析

第二节 2014—2015年中国电脑配件存在的问题

一、行业同质化现象严重

二、市场进入细分阶段

三、成本上升使企业腹背受敌

四、质量问题

第四章 2014—2015年中国电脑配件行业市场动态分析

第一节 2014—2015年中国电脑配件生产分析

一、2014—2015年中国电脑配件产能统计分析

二、2014—2015年中国电脑配件产量统计分析

第二节 市场规模

一、我国电脑配件行业产销存分析

二、我国电脑配件行业市场消费统计及需求分析

三、中国电脑配件区域市场规模分析

第三节 2014—2015年中国电脑配件行业进出口情况分析

一、进口

二、出口

第五章 2014—2015年中国电脑配件行业市场竞争格局分析

第一节 2014—2015年中国电脑配件市场竞争现状

一、品牌竞争

二、价格竞争

三、产品多样化竞争

第二节 2016—2017年中国电脑配件市场竞争趋势分析

一、本土品牌企业整合，提高竞争

二、健康个性是竞争卖点

三、从包装到"内容"的惨烈市场竞争

第六章 国内电脑配件行业优势企业分析

第一节 企业一

一、公司及产品概况

二、品牌发展历程

三、近三年企业销售收入分析

四、近三年企业盈利能力分析

五、近三年公司产品变化

六、近三年品牌市场份额变化

七、公司品牌竞争策略

……

第七章　2016—2017年中国电脑配件行业发展前景预测分析

第一节　2016—2017年中国电脑配件行业发展预测分析

一、未来电脑配件发展分析

二、未来电脑配件行业技术开发方向

三、总体行业"十二五"整体规划及预测

第二节　2016—2017年中国电脑配件行业市场前景分析

一、产品差异化是企业发展的方向

二、渠道重心下沉

案例分析

吉利汽车的市场供应环境调查报告

思考：
1. 吉利汽车进行了哪些市场供应环境方面的调查？
2. 汽车零部件行业现状如何？发展趋势如何？
3. 汽车零部件行业面临哪些挑战？
4. 通过对市场供应环境的调查，吉利汽车在采购方面获得哪些启示？

一、企业内部采购环境

吉利汽车设计了集团采购体系组织架构，成立了集团采购委员会，负责集团采购供应工作的发展战略、重大政策制定、重要决策、考核的颁布等；把零部件采购公司内部机构调整为与技术体系的机构设置相对应，从组织上保证了与研发部门、与制造公司、与供应商的对接。

进行了采购队伍的整合，明确了组织架构和岗位职责，对分散在各基地的采购人员进行全面考核，竞聘上岗，实现了人员的集中管理，统一培训，严格考核。

进行了采购流程梳理，建立了商务谈判和合同签订流程、货款结算流程、计划与订单流程、业绩监控和供货比例流程、新供应商准入流程、产品二次开发流程等重大流程，为规范运行和实现采购管理信息化奠定了基础。

二、汽车零部件行业概况

汽车零部件行业作为汽车整车行业的上游行业，是汽车工业发展的基础。近年来，随着整车消费市场和服务维修市场的迅猛发展，我国的汽车零部件行业发展迅速，且发展趋势良好，不断转型升级，向专业化方向转变。

目前中国供应商的利润较高，但是未来面临的挑战也很多。

三、汽车零部件行业的发展趋势

1. 新能源汽车发展将促进汽车零部件产业转型升级

中央财政继续实施补贴政策，以保持政策连续性，加大支持力度，以此推广新能源汽车应用,促进节能减排。这一政策将积极促进汽车零部件产业转型升级发展,促进零部件产业向节能型和环保型、高技术型和高质量型发展,同时积极推进品牌战略建设和走国际化发展之路。

2. 零部件高端制造业升级

随着国内汽车市场的逐步成熟,购车者对产品品质的要求也随之提高,主机厂对零部件供应商技术实力与生产管理能力的要求更为严格,那些研发能力更强、管理水平更高的零部件公司将在竞争中脱颖而出。

随着对汽车安全、舒适及环保要求的提高,汽车智能化已成为汽车行业发展的大趋势。如何通过电子技术提高汽车使用的安全性和舒适性也成为整个行业的热点。

四、汽车零部件行业面临的挑战

1. 我国品牌汽车零部件品质需要进一步提升

经过多年发展,中国品牌零部件质量有了很大提高,但中国品牌零部件质量水平与外资企业产品相比仍有一定差距,特别是产品的一致性、可靠性有待进一步提升。由于部分中国品牌零部件企业仍停留在粗放式的传统管理生产方式阶段,缺乏对工艺系统研究和持续改进,过程控制能力不足,质量不稳定,产品一致性差,很难形成高质量的产品。汽车零部件企业要想发展,除了拼产品技术创新,更要在产品质量上多下功夫。

2. 国内汽车零部件企业需进一步提升核心技术

产品技术实力是企业参与市场竞争的核心要素。国外零部件企业的实力来自于巨额的研发投入和持续不断的技术创新,国内企业在这方面一直有所欠缺。面对未来汽车能源多元化发展的趋势,以及节能、环保、安全要求的日益严格,要求零部件企业不仅拥有基本的开发能力,还应拥有超前技术开发能力。为此,零部件企业的技术开发能力将受到更大考验。

五、中国汽车配件供应商的四种类型

我国汽车配件供应商出现了外商投资供应商、国内汽车公司旗下供应商、国内大型独立供应商和国内小型独立供应商四类。外商投资供应商一般都是在国外就为跨国汽车公司提供零部件和总成,他们在技术、质量、服务、物流等方面都具有突出的优势,但是他们在中国的服务网络、市场地位上存在某些方面的不足。国内汽车旗下供应商主要是服务于他们的母公司,他们在自主研发能力上欠缺,产品不具备竞争力,但具有一定的规模优势。国内大型独立供应商的管理比较完善,规模较大,市场地位较强,但产品的供应范围有限。国内小型独立供应商一般财务状况差,投资低,产品技术含量低。我们应继续培养外商投资供应商和国内大型独立供应商。

六、各种汽车零部件的报价可能差别很大,通过先进的采购经验能够实现大幅节省

通过寻求有经验、优质价廉、规模大、服务良好、物流高效的国内国际大公司,并在他们之间形成有效的激烈竞争可以大幅节约采购成本。当前国内的优秀供应商还不是很多,尤其是某些产品还是独家供应,供应链体系没有完善等,这些方面都可能造成成本升高。

实训练习

实训一　液晶电视供应环境调查

某大型连锁企业为了能在其各大卖场内更好地做产品宣传,拟在墙面上安装液晶电视,以播放产品广告,并向产品供应商收取广告费。现有 45 个大卖场,每个卖场需安装 6—9 台液晶电视,共需 300—350 台液晶电视。该企业采购部做了初步的市场分析,发现市场上的液晶电视品牌很多,型号不一,价格也是多种多样的,所提供的服务也是五花八门。而你是采购部专门负责此事的。请做调查以回答下列问题:

1. 市场中有多少液晶电视供应商?该市场的竞争状况如何?在此项液晶电视的采购中,我们是处于有利还是不利地位?
2. 市场中的液晶电视有 29 寸、32 寸、37 寸、40 寸等,我们所采购的液晶电视是什么样的?
3. 我们需要液晶电视供应商提供什么样的后续服务?如何保障这些服务的实现?

实训二　微信水果店供应商的调查

1. 实训背景

上海市商贸旅游学校地处南京路步行街附近,周边有不少水果店,但是这些水果店都存在价格贵的问题,难以满足师生及附近居民的需求。李明想开一家微信水果店,不需店面,水果价格可以便宜很多,还可以根据需求送货上门,但是水果供应商选择至关重要。

请帮李明设计一份关于供应商的调查方案。

具体调查内容为供应商的基本情况调查。主要了解供应商的名称、地址、生产能力、能提供什么产品、能提供的数量、价格条件、质量水平、市场份额的大小、运输进货条件等。并根据供应商的质量、价格、服务、信用、供货运输条件等评选出最优的水果供应商。

2. 实训组织

第一步:组建实训小组。将教学班学生按每组 6—8 人的标准划分为若干个课题小组,每个小组指定或推选出一名小组长。

第二步:明确实训目的和要求。由指导教师介绍实训目的和要求,对"调查市场供应状况"的实践价值给予说明,调查学生实训操作的积极性。

第三步:实施实训操作。每个小组根据市场调查的背景资料及实训要求,调配资源,明确小组成员的任务,设计市场调查目的、调查内容和调查方法,并制作 PPT 课件。

第四步:陈述实训结果。集中安排各小组推荐发言人代表本小组,借助 PPT 课件,向全班陈述本小组的实训结果,接受"质询"。

第五步:教师点评每组实训情况,并由全班进行投票,评选出该次实训的获奖小组,给予表扬和奖励。

3. 实训考核

实训成绩依据学生上课出勤、课堂讨论发言、市场调查目的和内容与调查方法的设计水平、PPT 课件制作水平、实训结果陈述水平等进行评定。首先,小组长根据学生出勤、讨论发言等评定出每位成员的个人成绩档次(优秀、良好、中等、及格和不及格);然后,指导教师根据小组提交的市场调查目的、内容和方法的设计结果及 PPT,综合评出各小组成绩;最后,根据以下公式计算出每位学生的最终成绩。

个人最终成绩＝30％×表 4-2 中的成绩＋70％×表 4-3 中的成绩

表 4-2　小组长评定组内成员成绩表

小组成员姓名	小组成员成绩(分)				
	优秀 (90 以上)	良好 (81—90)	中等 (71—80)	及格 (60—70)	不及格 (60 以下)

表 4-3　指导教师综合评定每组实训结果成绩表

评价内容	分值(分)	评分(分)
调查目的明确且符合要求	20	
调查内容的完整性、调查方法的合理性	30	
实训 PPT 的设计质量和效果	30	
实训汇报的表达效果	20	
实训总体评分	100	

实训三　包装决策问卷设计

某啤酒企业根据其产品的市场占有情况和目前市场对啤酒的需求情况,考虑引进啤酒的新包装,推出 250 ml 的小瓶、1 组 6 瓶的包装形式。在决策之前,企业需要了解新包装是否有足够的市场,目标市场是什么,消费者一般在什么情况下购买此包装形式,消费者希望在哪些地方购买到此包装产品。为此,需要进行一次市场调查。本次市场调查的目的如下:

1. 估计消费者对小瓶组新包装啤酒接受的可能性。
2. 辨别小瓶组新包装啤酒的潜在购买者和饮用者。
3. 辨别小瓶组新包装啤酒的饮用场合。
4. 判断顾客希望在什么地方买到这种小瓶新包装啤酒。
5. 判断该产品潜在市场的大小。

请根据以上调查目的,利用已经学过的知识,为该企业的新包装决策拟定一份市场调查问卷。

项目五
调查消费者心理和行为

学习目标

1. 解释消费者心理和行为的含义。
2. 列举调查消费者心理和行为的必要性。
3. 说出消费者心理和行为调查的内容。
4. 列举开展消费者心理和行为调查的一般方法。

📘 项目背景

随着旅游业的快速发展,不同阶层的人都逐渐参与其中,大学生作为思想最活跃、接受新生事物能力最强的一个群体,逐渐成为新的旅游消费群体增长点。在旅游客源市场划分当中,高校大学生已经成为旅游市场中一个不容忽视的细分市场,且具有极大的发展前景。然而,由于大学生特殊的心理、生理、经济条件等特点,他们的旅游消费心理呈现出和其他社会群体大不相同的特征。数讯市场调查公司受聘对上海大学的学生进行旅游消费情况的抽样问卷调查,基于调查结果,对大学生旅游消费的心理特征进行分析研究,以便更好地把握大学生这一巨大的消费群体,为旅游企业在旅游资源的开发、旅游市场的拓展、宣传、决策等方面提供借鉴。

☀ 任务热身

1. 什么是消费者心理和消费者行为?
2. 消费者心理和行为调查的主要内容有哪些?
3. 设计调查问卷有哪些技巧?

📍 企业建言

企业要想在激烈的市场竞争中求得生存与发展,就需要不断地提高自身管理水平和经营能力,以适应市场的变化。其中关键一点就是经营者要形成正确的市场营销观念(Marketing Viewpoint)。而检验经营者的市场营销观念的重要方面就是看他们头脑中的"消费者"观念,因为有效的市场营销一定是建立在消费者心理与行为分析的基础之上的。

从近十年来市场中不少企业或商家取得了一个又一个成功事例说明,市场营销的战略思想就是:研究市场中消费者心理特点与变化的趋势,并依据其特点制定营销策略,才能在营销中立于不败之地。相比之下,今天仍有许多企业和商家虽口头上也说"以消费者为中心",但长期的"思维定势"在头脑中形成的还是以自我为中心的经营观念,市场越做越小,生意越来越难做。

只有对消费者的心理和行为进行充分的调查了解,才能把握住当代消费者心理脉搏,赢得未来市场,取得更大的业绩。

精选观点 5-1

美国著名消费者行为学家 M. R. 所罗门认为(2009):"改变消费者行为的许多生活方式都是由年轻消费者所推动的,他们不断地重新定义什么是最热门的而什么又不是。"今天的营销界普遍认为:要想超越下一次浪潮,必须比竞争对手先想到消费者心里去。

知识储备

一、消费者心理与消费者行为的概念

消费者心理指消费者在购买和消费商品过程中的心理活动。一般是：先接触商品，引起注意；然后经过了解和比较，产生兴趣，出现购买欲望；条件成熟，做出购买决定；买回商品，通过使用，形成实际感受，考虑今后是否再次购买。

消费者行为是指消费者为获得所用的消费资料和劳务而从事的物色、选择、购买和使用等活动。

二、消费者心理和行为调查的内容

从根本上讲，消费者是由一个希望满足他们需求的欲望而驱动的潜在群体构成。市场之所以启动是因为产品或服务迎合了消费者的需求并满足了他们的欲望。企业常犯的一个错误就是只根据自己的主观意愿虚拟出所谓的消费者，而不是依据对市场的调查与研究后做出。

市场营销的成功简言之就是：如何确保企业或商家所做的与消费者所想的是一致的。

消费者心理特点是指：了解消费者所想的东西（认知），他们所感受的东西（情感），他们所做的事情（行为）以及被这些所影响的事情和地方（环境）。

由于每一位消费者在上述各个方面的差异性，才使得其消费行为以及相应的营销策略显示出多样性，也使得市场变得多姿多彩。正像营销大师科特勒所说："企业要想获得最大利润，他们需要去预期和满足消费者的需求。"

目前不少商家的营销思想还是"以产品为中心"和"以我要的消费者"为经营理念，所制定的"营销策略"只是在上述观点下，将产品、价格、地点和促销（简称4P）加以组合应用于市场中。如今的市场营销要求经营者从消费者角度观察每一件事情，并且围绕着消费者需求与期望去制定营销计划并实施计划。只有这样，消费者在市场上才能找到他们要买的东西并且乐于去买这些东西。

> **小资料 5-1**
>
> **化妆品消费者的心理**
>
> 各类女士美容化妆品广告都想塑造理想的目标消费者：收入丰厚、时间充裕、知识丰富、头脑聪明的职业女性或家境丰裕、天真可爱、无忧无虑、追求完美的青春女孩等，而事实上，显然不可能形成这样的市场。之所以会有这样的错误，原因就是营销策划人员从主观愿望出发，忽视对市场的调查与研究。记住：化妆品对不同年龄阶段、不同文化与职业的女性诉求点是不一样的。

分析消费者心理的现状、特点与变化趋势，就要树立从动态角度分析消费者购买行为。这种动态的研究消费者行为主要有以下六个问题：一是买什么，二是为什么买，三是向谁买，四是什么时候买，五是什么地方买，六是用什么方式买。

第一，买什么商品就是要研究顾客购买什么，以决定生产或销售什么。

第二，为什么购买是了解购买者自己消费还是馈赠亲朋好友。如果是购买者自己消费，在包装上便可以简单些；如果要馈赠亲朋好友，包装上则要讲究一些。

第三,何时购买要研究消费者购买决策过程中的时间规律性,以适当调整营销对策。比如节假日商品,往往在节假日到来之前是最旺销的时候,典型的例子就是月饼,中秋节之前购买得最多。

第四,何处购买是指在百货商场还是到商家购买,这涉及不同的营销渠道的选择问题。

第五,何人购买通常要考虑几种不同的角色,如谁是倡导者,谁是决策者,谁是购买者,谁是使用者。

第六,如何购买包括消费者是愿意一次性付款还是分期付款,是要求送货还是自己提货,这些都是应该考虑的。

在现实生活中,消费者行为会受到诸多因素的影响,如受年龄、性别、文化、职业、经济状况、生活方式等个人因素以及动机、感知觉、经验、信念、态度等心理因素的影响,还受到社会阶层、相关群体、家庭、媒体以及外来文化等社会因素的影响。

总之,消费者心理与行为是千变万化的,消费者的多样性行为是在这些因素共同作用下形成的。

三、影响消费者心理和行为的因素

企业故事

宝洁创新从了解消费者开始

一名30岁左右、身穿牛仔裤、脚蹬高跟鞋的长发女子站在了洗发水货架前,拿起一个橙色的瓶子,打开瓶盖闻了闻,随后她又弯腰拿起一个透明的瓶子,轻轻晃动,15秒后把瓶子放回了原处。她继续往前走,拿起一个深紫色的细长瓶子,同时寻找着价签,她打开瓶盖闻了一下后就将其放入了购物车。

这一切都是宝洁公司安装在超市中的摄像头拍摄下的画面。该公司驻墨西哥的市场分析师吉斯塔沃·索斯研究这些画面后发现,很少有女性消费者关注该公司15年前研发的飘柔二合一洗发香波。索斯说:"我们发现这个品牌的定位不合理,类型也过于分散。"

图 5-1 宝洁公司旗下产品众多

宝洁墨西哥公司负责人豪尔赫·布雷克说:"我们会坚持不懈地深入了解消费者心理。"

宝洁这家拥有170年历史的企业从未放弃对产品的更新开发。利用一套完备的"监视"网络,公司将每个地方的销售情况都详细地掌握在手中。宝洁在全世界还拥有7500名科研人员,它旗下的香料师也明显多于其他同类企业。每年该公司都投入大约20亿美元用于实验室研究,在市场营销方面的投入则超过40亿美元。(作者塔尼亚·拉腊)

在英国塔勒邦特某大学区的洗衣店内,一名男子正一边看报纸一边等待洗好的衣服。他似乎有些心不在焉,但实际上他在认真倾听周围人的谈话,了解来洗衣服的学生都有哪些洗衣习惯以及喜欢什么牌子的洗涤用品。

宝洁公司的员工就是这样深入到消费者的日常生活之中。索斯指出,他本人到朋友家做客时就经常光顾厨房和卫生间。索斯说:"我会认真询问他们都喜欢用什么牌子的洗涤用品,以及为什么购买。当然,如果他们用宝洁竞争对手的产品,我会很不高兴。"

每年花一天时间与一位消费者亲身接触已经成为宝洁公司员工的义务。有些员工还被委派到某家商店,从店主开门营业的第一刻开始全程观察,看店员如何与顾客交流,顾客都购买什么商品等。

这样做的目的是要发掘消费者未表达出的和未被满足的需求。每年,宝洁在全球的分支企业都要呈递一份报告,列出消费者最希望满足的10项需求。例如,发明一种抗潮湿的卫生纸或者一种可用于冷水洗涤的洗涤剂。这份报告会转化为技术问题被公布在科研人员的系统网络中,以便创造新产品。

宝洁墨西哥分公司前负责人玛尔塔·米列尔说:"宝洁公司是一家技术企业。它对消费者的关注是为了能发明更多的产品,许多洗发水产品就是这样产生的。"

宝洁公司还回收用过的洗衣机、毛巾和盘子等,以便开发出更好用的洗涤产品。曾在宝洁公司从事科研工作的霍伊特·查卢特回忆说:"为了开发新的洗衣粉,我们曾经收集了六百件旧内衣。"

在宝洁公司的研发历史中还有过更加新奇的计划,如与垃圾回收企业合作,以考察本公司产品在市场上的占有率。此外,还收集美国民主党与共和党的选民分别喜欢使用的产品并加以比较。宝洁公司的目的只有一个:更好地了解消费者。

影响消费者心理和行为的主要因素如下:

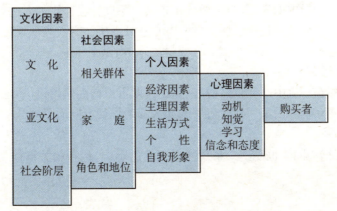

图 5-2　影响消费者心理和行为的主要因素

（一）文化因素

文化因素对消费者的行为具有最广泛和最深远的影响。

1. 文化

传统的观念认为：文化是人类在社会历史发展过程中所创造的物质财富和精神财富的总和。文化是一种社会现象，它是由人类长期创造形成的产物，同时又是一种历史现象，是人类社会与历史的积淀物。确切地说，文化是凝结在物质之中又游离于物质之外的，能够被传承的国家或民族的历史、地理、风土人情、传统习俗、生活方式、文学艺术、行为规范、思维方式、价值观念等，它是人类相互之间进行交流的普遍认可的一种能够传承的意识形态，是对客观世界感性上的知识与经验的升华。

文化是人类欲望和行为最基本的决定因素。

文化反映在一定的建筑、饮食还有宗教等方面。例如：印度教禁食牛肉，而犹太教和穆斯林教禁食猪肉；牛奶制品在印度教和佛教很受欢迎；伊斯兰教喜欢含酒精的饮料，碳酸饮料和水果饮料很是畅销；中东地区气候干燥，那里的消费者喜欢气味浓烈易挥发的香水，含油脂的化妆品就无人问津；我国北方人喜欢吃饺子等面食，冬天喜欢吃火锅，而南方人喜欢吃泡菜、熏肉，西部喜欢吃饼和馍等食品。

2. 亚文化

亚文化（Subculture），也称次文化，是指在某个较大的母文化中，拥有不同行为和信仰的较小文化或一群人。次文化和其他社会团体之间的差别，在于他们有意使自己的服装、音乐或其他兴趣与众不同。

亚文化具有部落式的特点，以共同的兴趣爱好作为图腾，类似信仰的东西将不同年龄、不同地区的人皆合在一起；并且由于其自身特色具有一定的封闭性，所以才会划分出一个个的圈子。圈子外的人看圈子里的人永远就只是在看热闹，只有置身其中才能知道。

每一种文化都包含较小的亚文化群体。这些亚文化群体为其成员提供更为具体的认同感。

亚文化群体包括民族群体、宗教群体、种族团队和地理区域。

3. 社会阶层

社会阶层是在一个社会中具有相对的同质性和持久性的群体，它们是按等级排列的，每一阶层成员具有类似的价值观、兴趣爱好和行为方式。

社会阶层有几个特点：

第一，同一社会阶层内的人，其行为要比来自两个不同社会阶层的人的行为更加相似。

第二，人们以自己所处的社会阶层来判断各自在社会中占有的高低地位。

第三，某人所处的社会阶层并非由一个变量决定，而是受到职业、所得、财富、教育和价值观等多种变量的制约。

第四，个人能够在一生中改变自己所处的阶层，既可以向高阶层迈进，也可以跌至低阶层。但是，这种变化的变动程度因某一社会阶层的层次森严程度不同而不同。

（二）社会因素

消费者的购买行为同样也受到一系列社会因素的影响，包括相关群体、家庭、社会角色与地位。

1. 相关群体

相关群体是指在形成一个人的理想、态度、信仰及生活方式等方面，给其重要影响的群体。

相关群体也称相关团体、榜样群体。它包括社会的、经济的、职业的等不同类型的团体。现实生活中,对消费者影响较大的相关群体既可以是亲朋好友、家人同事、街坊四邻,也可以是接触频繁的某些社会团体以及羡慕并愿意模仿的一些社会群体。

相关群体有三种形式。

一是主要群体,也称为基本群体,指那些关系密切经常发生相互作用的非正式群体,如家庭成员、亲朋好友、邻居和同事等。这类群体对消费者影响最强。

二是次要群体,指较为正式但日常接触较少的群体,如宗教、专业协会和同业组织等。这类群体对消费者的影响强度次于主要群体。

三是期望群体,指有共同志趣的群体,即由各界名人如文艺明星、体育明星、影视明星和政府要员及其追随者构成的群体。这类群体影响面广,但对每个人的影响强度逊于主要群体和次要群体。

相关群体对消费者行为的影响主要有:

一是示范性,即相关消费群体消费行为和生活方式为消费者提供了可供选择的模式。

二是仿效性,相关群体的消费行为引起人们仿效欲望,影响人们对商品的选择。

三是一致性,即由仿效而消费行为趋于一致。

当然,相关群体对消费者购买不同商品的影响是有所区别的。一般来说,当消费者购买引人注目的产品如汽车、服装等受相关群体的影响较大,而购买使用时不太引人注意的产品如洗衣粉等则不受相关群体的影响。

2. 家庭

家庭是社会上最重要的消费者购买组织。购买者家庭成员对购买者行为影响很大。

营销人员需要了解夫妻及子女在各种商品和劳务采购中所起的不同作用和相互之间的影响。

家庭中典型的产品支配形式如下:

丈夫支配型:人身保险、汽车、电视机;

妻子支配型:洗衣机、地毯、家具、厨房用品;

共同支配型:度假、住宅、户外娱乐。

3. 角色和地位

社会角色(social role)是在社会系统中与一定社会位置相关联的符合社会要求的一套个人行为模式,也可以理解为个体在社会群体中被赋予的身份及该身份应发挥的功能。换言之,每个角色都代表着一系列有关行为的社会标准,这些标准决定了个体在社会中应有的责任与行为。例如,一位教师,在学生面前应该为人师表,处处以老师的规范约束自己。每个人在社会生活中都在扮演自己应该扮演的角色,这里不仅意味着占有特定社会位置的人所完成的行为,同时也意味着社会、他人对占有这个位置的人所持有的期望。

每一个角色都在某种程度上影响购买行为。每一角色都伴随着一种地位。

(三) 个人因素

购买者决策也受其个人特征的影响。

1. 经济因素

一个人的经济环境对其产品选择影响很大。

人们的经济环境包括:可支配收入(收入水平、稳定性和花费的时间)、储蓄和资产(包括流动资产比例)、债务、借款能力、对支出与储蓄的态度。

2. 生理因素

人的生理因素包括身体形态、相貌、年龄、性别等，都对消费者的消费心理和行为产生影响。

第一，人的身高、体形等身材特点的差异影响消费心理和行为。例如服装、鞋、饮食、家具和汽车的消费等，不同身高、体形的消费者对产品的选择就不同。

第二，相貌对消费者的消费行为也产生影响，相貌包括五官、皮肤、头发等要素。根据相貌的不同会产生不同选择的消费有：美容化妆、整容、美发、服装等。

第三，不同年龄的消费者因其生理机能以及生活、学习和工作需求的差异，具有不同的消费心理和行为。少年儿童的消费主要是：儿童玩具、文具、书籍、乐器、运动器材及儿童食品、营养品、少儿服装等。中青年的消费主要是：家电、数码产品、服装、化妆品、汽车、住房等。老年人的消费主要是：保健食品、医疗、服务、娱乐等。

第四，由于生理、心理的原因，男性和女性呈现出不同的消费心理特征。男性大多粗犷，对商品的选择不太挑剔，购买商品较多地关注商品的功能与效用，购买决策自主，速度快，需要时才购买；女性则天生细腻，对商品的选择认真、挑剔，易受商品的外观形象以及主观情感的影响，购买决策被动，速度慢，时间长，经常即兴购买。

第五，健康状况对消费者的消费行为也会产生影响。属于健康消费的主要有：医疗、保健、食品等。

3. 生活方式

生活方式（lifestyle），就是人们支配时间、金钱以及精力的方式。简言之就是人如何生活。包括：消费者如何花费他们的时间；他们在日常生活中重视什么，即消费者优先考虑的事情或偏好；他们怎样看待自己周围的环境。

近年来生活方式对消费行为影响力越来越大。来自相同的亚文化群、社会阶层，甚至来自相同职业的人们，也可能具有不同的生活方式。不同的生活方式影响到消费者对产品和品牌的选择。

4. 个性和自我形象

个性是指一个人所特有的心理特征，它导致一个对他或她所处的环境相对一致和持续不断的反应，主要由个人的气质、性格、兴趣和经验所构成。

不同的个性，自然有不同的购买行为，事实上，消费者越来越多地用不同风格的产品来展示自己的个性和表现自己。例如，宝马作为象征身份地位的品牌，它定位的车主是寻求刺激、竞争心强、充满干劲的人。宝马作为奢华的品牌，满足那些不会接受次要选择的人，具有极强的个性主张。

（四）心理因素

影响消费者购买行为的心理因素具体见下图5-3。

1. 需要和动机

人类行为是由动机支配的，而动机需要引起。购买行为也不例外。根据马斯洛的需要层次理论，消费者的需要有生理需求、安全需求、社会需求、尊重需求和自我实现需求五个层次。为了满足消费者不同层次的需要，会产生不同的购买行为。需要层次论可以帮助企业营销者了解各种产品和服务怎样才适合潜在消费者的生活水准、目标和计划。

2. 感觉和知觉

消费者产生购买动机后就要行动。感觉和知觉属于感性认识。消费者每日受到各种外界

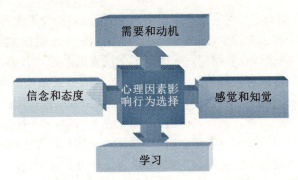

图 5-3 影响消费者购买行为的心理因素

环境,包括商品形体、声响、气味、广告等的刺激,这些刺激通过人的眼、耳、鼻等感官,形成感觉。随着感觉的深入,来自感官的各种信息经过大脑的分析加工,形成对外界刺激的整体印象,就是知觉。

外界刺激作用于人的各种感觉器官,人每天会面临成千上万的外界刺激,但由于身体自身的机制,能引起人们注意的只是很小的一部分刺激。把注意范围内的感觉信息组织成有意义的印象,然后与过去的经验比较,从中得出结论。知觉过程的最终产物是形成某种反应,这反应可能是记住某种信息,改变对某种商品的态度,也可能是立即采取购买行动。因为每个人已有的知识、态度、动机、愿望和个性不同,使他们对同样的外界刺激,经过知觉过程的加工筛选,会得出不同的整体印象。这就决定了感知的过程具有选择性。

3. 信念和态度

消费者在购买和使用商品时形成了信念和态度,这些信念和态度又反过来影响人们的购买行为。

信念,是人们对某种事物所持的看法,如相信某种品牌的空调省电、制冷快、静音、售价合理。又如,某些消费者以精打细算、节约开支为信念。信念会形成产品和品牌形象,会影响消费者的购买选择。

态度,是人们长期保持的关于某种事物或观念的是非观、好恶观。消费者一旦形成对某产品或某品牌的态度,以后就倾向于根据态度做出重复的购买决策,不愿费心去进行比较、分析、判断。

4. 学习

学习也会对消费者购买行为产生影响。学习是驱策力、刺激物、提示物、反应和强化相互作用的结果,是一种由经验引起的个人行为相对持久变化的心理过程,是消费者通过使用、练习或观察等实践,逐步获得和积累经验,并根据经验调整购买行为的过程。

购买之后,通过使用,如果感到满意,他就会经常使用该产品,使其对该品牌的产品的反应得到强化。反之如果不满意,就会对该品牌的产品的反应减弱。

四、调查问卷的设计

(一) 调查问卷设计的前提

问卷的每一道题目的措辞和语气都是经过细心的推敲和琢磨的,每一道题目的先后顺序也是经过精心排列的。但在设计调查问卷时常出现的问题是:问题定义不准确。

调查问卷设计的前提应是明确问题。一个问题对于每个被调查者而言,应该代表同一主题,只有一种解释。定义不清的问题会产生很多歧义,使被调查者无所适从。

例如,"您使用哪个牌子的洗发液"这个问题表面上有一个清楚的主题,但仔细分析会发现很多地方含糊不清,假如被调查者使用过一个以上的洗发液品牌,则他对此可能会有 4 种不同的理解或回答:第一,回答最喜欢用的洗发液品牌;第二,回答最常用的洗发液品牌(最常用但并不一定是最喜欢用的,例如受支付能力的影响);第三,回答最近在用的洗发液品牌;第四,回答此刻最先想到的洗发液品牌。另外,在使用时间上也不明确:上一次?上一周?上一月?上一年甚至更长时间?都可由被调查者随意理解,这样的问题显然无法搜集到准确的资料。

因此明确定义调查问卷的问题极其重要,可从以下两方面着手:

1. 采取六要素明确法

即在问题中尽量明确"什么人、什么时间、什么地点、做什么、为什么做、如何做"这六个要素。问题的含糊往往是对某个容易产生歧义的要素,缺乏限定或限定不清引起的。因此在设计问题或在检查问题时,可以参照这六要素进行。如上面的问题明确几个要素后改为:"在过去的一个月中,你在家中使用什么牌子的洗发液?如果超过一个,请列出其他的品牌名称。"这样定义的问题显然明确多了。

2. 避免使用含糊的形容词、副词

避免使用含糊的形容词和副词,特别是在描述时间、数量、频率、价格等情况的时候。

像"有时、经常、偶尔、很少、很多、相当多、几乎"这样的词,对于不同的人有不同的理解。因此这些词应用定量描述代替,以做到统一标准。

下面这个例子中。(2)显然比(1)精确得多。

在普通的一个月中,你到百货商店的采购情况如何?

(1) A. 从不　　　　B. 偶尔　　　　C. 经常　　　　D. 定期

(2) A. 少于一次　B. 1 到 2 次　C. 3 到 4 次　D. 超过 4 次

3. 避免问题中含有隐藏的选择和选择后果,使隐藏的选择和后果明晰化

无论是是非式问题还是选择式问题,都是在几个备选选项中做出选择,因此必须使被调查者清楚所有的备选选项及其后果,否则不能全面地搜集信息。

如下面这个例子,(2)显然比(1)好得多。

一家航空公司想分析旅客对短途飞机旅行的需求量:

(1) 在做 300 公里以内的短途旅行时,您喜欢乘飞机进行吗?

(2) 在做 300 公里以内的短途旅行时,你喜欢乘飞机呢,还是喜欢坐汽车或者其他方式?

同样,问题中有新的后果也应该尽量明晰,以便被调查者进行合理的选择。"你喜欢喝纯净水吗?"(纯净水中缺乏人体所需的微量元素)。这个问题中有无括号内的部分,结果大为不同。

总之,我们在设计调查问卷时,应尽量明确每个问题,以便得到更真实可靠的调查结果。

(二) 调查问卷的设计标准

要设计一份好的问卷,必须考虑这样几个问题:它是否能提供必要的管理决策信息,是否考虑到应答者的情况,是否满足编辑、数据处理的要求。

1. 问卷是否能提供必要的管理决策信息

任何问卷的主要作用就是提供管理决策所需的信息,任何不能提供管理或决策重要信息的问卷都应被放弃或修改,需要利用数据的经理们对问卷表示满意就意味着"这份问卷将提供我们进行决策所需的数据"。如果管理者对问卷不满意,那么,市场研究人员需要继续修改

问卷。

2. 问卷是否考虑到应答者的情况

一份问卷应该简洁、有趣、具有逻辑性并且方式明确。尽管一份问卷可能是在办公室或会议室里制作出来的,但它要在各种情景和环境条件下实施:一些访问可能是和一个忙于购物的购买者进行的,还有一些访问可能是在受访者的孩子缠住他们的时候进行的。

设计问卷的研究者还要考虑问卷的长度。近期的一项研究发现,当受访者对调查题目不感兴趣或不重视时,问卷长度就不重要了。换问话说,无论问卷是长是短,人们都不会参与调研。同时,研究发现当消费者对题目感兴趣或当他们感到问题回答不会太困难时,他们会回答一些较长的问卷。

问卷设计的另一个要求是使问卷适合于应答者。一份问卷应该针对预期应答者明确地设计,比如,尽管父母是食品的购买者,但儿童经常直接或间接地影响对品牌的选择。这样,对儿童进行品尝测试的问卷应当用儿童的语言表述;另一方面,对成人购买的问卷应当使用成人的语言。

问卷设计最重要的任务之一是使问题适合潜在的应答者。问卷设计者必须避免使用营销专业术语和可能被应答者误解的术语。实际上,只要没有侮辱或贬低之意,最好是运用简单的日常用语。

3. 问卷是否满足编辑和数据处理的需要

一旦信息收集完毕,就要进行编辑。首先检查卷面,确认需要填写的问题已经填好,所有"开放式问题"逐字辨认;若有"跳问",检查是否按照跳问形式作答。最后对检查好的有效问卷进行编码,并录入确定的答案和数据。

简而言之,一份问卷必须具有以下功能:首先,它必须完成所有的调研目标,以满足决策者的信息需要;其次,它必须以可以理解的语言和适当的智力水平与应答者沟通,并获得应答者的合作;第三,对访问员来讲,它必须易于管理,方便地记录下应答者的回答;同时,它还必须有利于方便快捷地编辑和检查完成的问卷,并容易进行编码和数据输入;最后,问卷必须可转换为能回答决策者起初问题的有效信息。

(三) 调查问卷的设计技巧

1. 事实性问题的设计

事实性问题主要是要求应答者回答一些有关事实的问题。例如:你通常什么时候看电视?

事实性问题的主要目的在于求取事实资料,因此问题中的字眼定义必须清楚,让应答者了解后能正确回答。

市场调查中,许多问题均属"事实性问题",例如应答者个人的资料:职业、收入、家庭状况、居住环境、教育程度等。这些问题又称为"分类性问题",因为可根据所获得的资料而将应答者分类。在问卷之中,通常将事实性问题放在后边,以免应答者在回答有关个人的问题时有所顾忌,因而影响以后的答案。

2. 意见性问题的设计

在问卷中,往往会询问应答者一些有关意见或态度的问题。

例如:你是否喜欢××频道的电视节目?

意见性问题事实上即态度调查问题。通常而言,应答者会受到问题所用字眼和问题次序的影响,且对同样问题所做的反应各不相同。因此意见性问题的设计远较事实性问题困难。这种问题通常有两种处理方法:其一是对意见性问题的答案只用是与否表示,例如有的应答者同意某一看法等。另一方法则旨在衡量应答者的态度,故可将答案化成分数或百分数。

3. 困窘性问题的设计

困窘性问题是指应答者不愿在调查员面前作答的某些问题，比如关于私人的问题，或不为一般社会道德所接纳的行为、态度，或属有碍声誉的问题。例如：平均说来，每个月你打几次麻将？如果你的汽车是分期购买的，一共分多少期？你是否向银行抵押借款购股票？除了你工作收入外，尚有其他收入吗？

如果一定要想获得困窘性问题的答案，又避免应答者做不真实回答，可采用以下方法：

（1）间接问题法。不直接询问应答者对某事项的观点，而改问他认为其他人对该事项的看法如何。例如，阐述一个别人的观点，然后加上问题："你同他们的看法是否一样？"

（2）卡片整理法。将困窘性问题的答案分为"是"与"否"两类，调查员可暂时走开，让应答者自己取卡片投入箱中，以减低困窘气氛。应答者在无调查员看见的情况下，选取正确答案的可能性会提高不少。

（四）调查问卷问题的措辞

对调查问卷问题措辞的要求可归纳为 5 个"应该"。

1. 问题应该针对单一论题

调研者必须立足于特定的论题，如"您通常几点上班"是一个不明确的问题。这到底是指你何时离家还是在办公地点何时正式开始工作？问题应改为"通常情况下您是几点离家去上班"。

2. 问题应该简短

无论采取何种收集模式，不必要的和多余的单词应该被剔除。这一要求在设计口头提问时尤其重要（如通过电话进行调查）。以下就是一个复杂的问题，"假设你注意到你冰箱中的自动制冰功能并不像你刚把冰箱买回来时的制冰效果那样好，于是打算去修理一下，遇到这些情况，你脑子里会有一些什么顾虑？"简短的问题应该是："若你的制冰机运转不正常，你会怎样解决？"

3. 问题应该以同样的方式解释给所有的应答者

所有的应答者应对问题理解一致。例如，对问题"你有几个孩子"可以有各种各样的解释方式。有的应答者认为仅仅是居住家里的孩子，然而，另一个可能会把上次结婚所生的孩子也包括进去。这个问题应改为："你有几个 18 岁以下并居住在家里的孩子？"

4. 问题应该使用应答者的核心词汇

核心词汇就是应答者每天与其他人进行交流的日常语言词汇，但其中并不包括专业术语和行业用语，比如："你认为商店提供的额外奖金是吸引你去的原因吗？"这一问题的前提应是应答者知道什么是额外奖金并能把它和商店的吸引力联系起来。所以，问题可以改为："赠送一个免费礼品是你上次去乡村服装店的原因吗？"

5. 若可能，问题应该使用简单句

简单句之所以受到欢迎是因为它只有单一的主语和谓语。复合句和复杂句却可能有多个主语、谓语、宾语和状语等。句子越复杂，应答者出错的潜在可能性就大。因此，问卷的问题应尽量使用简单句。

小资料 5-2

"卡西欧"的销售调查卡

"卡西欧"公司的销售调查卡只有明信片一般大小，但设计周密细致，调查栏目中各类内容应有尽有。第一栏，对购买者的调查，其中包括性别、年龄、职业等，分类十分细致。

第二栏,对使用者的调查,使用者是购买者本人,还是家庭成员或是其他人,每一类人员中又分年龄、性别等。第三栏,购买方法调查,是个人购买还是团体购买。第四栏,调查如何知道该产品的,是看见商店橱窗布置、报刊广告、电视台广告,还是朋友告知、看见他人使用等等。第五栏,调查为什么选中该产品,所拟答案有操作方便、音色优美、功能齐全、价格便宜、商店的介绍、朋友的推荐、孩子的要求等。第六栏,调查使用后的感受,是非常满意、一般满意还是不满意。另外还有几栏是对乐器的性能、购买者所拥有的乐器、学习乐器的方法和时间、所喜爱的音乐、希望有哪些功能等方面的调查。

为及时收回调查卡,卡上印好了公司地址及邮资总付,并表示衷心希望用户能给予密切合作,以便开发更好的产品,用词十分恳切。在一定的程度上有效地减轻了回收率低的问题。这样一张调查卡为企业提高产品质量、改进经营方式、开拓新市场提供了可靠的依据。

(五)调查问卷设计的注意事项

1. 问卷的开场白

问卷的开场白必须慎重对待,要以亲切的口吻询问,措词应精心推敲,做到言简意明,亲切诚恳,使被查者自愿与之合作,认真填好问卷。

2. 问题的语言

由于不同的字眼会对被调查者产生不同的影响,因此往往看起来差不多的相同的问题,会因所用字眼不同,而使应答者做不同的反应,做出不同的回答。故问题所用的字眼必须小心,以免影响答案的准确性。一般来说,在设计问题时应留意以下几个原则:

(1)避免一般性问题。如果问题的本来目的是在求取某种特定资料,但由于问题过于一般化,使应答者所提供的答案资料无多大意义。

例如:某酒店想了解旅客对该酒店房费与服务是否满意,因而做以下询问:

你对本酒店是否感到满意?

这样的问题,显然有欠具体。由于所需资料牵涉房费与服务两个问题,故应分别询问,以免混乱,如:

你对本酒店的房费是否满意?

你对本酒店的服务是否满意?

(2)问卷的语言要口语化,符合人们交谈的习惯,避免书面化和文人腔调。

3. 问题的选择及顺序

通常问卷的头几个问题可采用开放式问题,旨在使应答者多多讲话,多发表意见,使应答者感到十分自在,不受拘束,能充分发挥自己的见解。当应答者话题多,其与调查者之间的陌生距离自然缩短。不过要留意,最初安排的开放式问题必须较易回答,不可具有高敏感性,如困窘性问题。否则一开始就被拒绝回答的话,以后的问题就难继续了。因此起初的问题应是容易回答且具有趣味性的,旨在提高应答者的兴趣。

问卷中问题的顺序一般按下列规则排列:

(1)容易回答的问题放前面,较难回答的问题放稍后,困窘性问题放后面,个人资料的事实性问题放卷尾。

(2)封闭式问题放前面,自由式问题放后面。由于自由式问题往往需要时间来考虑答案和组织语言,放在前面会引起应答者的厌烦情绪。

(3)要注意问题的逻辑顺序,按时间顺序、类别顺序等合理排列。

> **小资料 5-3**
>
> **某洗发水问卷的编排**
>
> 某洗发水问卷是这样开始的:"在过去 6 个星期里,你曾经购买过洗发水吗?"促使人们开始考虑有关洗发水的问题。然后,再问有关洗发水的购买频率,在过去三个月里所购品牌,对所购品牌的满意程度,再是购买意向,理想洗发水的特点,应答者头发的特点,最后是年龄、性别等人口统计方面的问题。
>
> 分析:本例中的问题编排是逻辑性的,促使消费者跟着问卷考虑洗发水并以个人资料结束。逻辑清晰的问题编排,再加上适当的访问技巧,应答者对提问就不会有太多反感,双方的融洽关系也能很快建立起来。最终应答者也会认识到,这肯定是对信息的合理要求,不是为了推销产品,由此而建立起信任,并且愿意提供个人信息。

实战体验

大学生旅游消费心理调查

图 5-4　旅游是种生活方式

一、调查目的

本次调查的主要目的是对中国目前大学生的旅游消费态度、目的,旅游消费观念,以及旅游消费偏好,旅游消费能力,旅游影响因素等问题做基础性的研究,并分析调查结果,提出自己的思考和建议,希望为旅游企业在旅游资源的开发,旅游市场的拓展、宣传、决策等方面提供借鉴。

二、调查对象和方法

1. 调查对象

本文调查对象为上海大学大一到大四的部分在校本科大学生。

2. 调查方法

本文采用答卷式、不记名的调查方法,以网络发放问卷的方式进行,并利用 Excel 软件进行处理。本文问卷的问项主要来源于较多的文献阅读和诸多学者的相关研究成果。调查内容涉及被调查者的个人基本情况、旅游态度、旅游目的、旅游消费观念、旅游经济来源、获取信息的途径、旅游偏好出游时间、出游方式、出游地点等。

附:大学生旅游消费心理调查问卷

随着我国高等教育规模的不断扩大,大学生旅游逐步成为旅游市场的亮点。本问卷对大学生旅游市场的特征以及大学生这个特殊群体的旅游消费心理进行调查,以探讨旅游及其相关企业可采取的有效营销策略。所得数据资料只供统计研讨之用。

1. 你的性别〔单选题〕

   A．女

   B．男

2. 你的年级〔单选题〕

   A．大一

   B．大二

   C．大三

   D．大四

3. 你一个月的生活费用是多少？〔单选题〕

   A．500 元以下

   B．500 到 1000 元

   C．1000 元到 1500 元

   D．1500 元以上

4. 你是否喜欢旅游？〔单选题〕

   A．超级喜欢

   B．很喜欢

   C．一般喜欢，可有可无

   D．不喜欢

5. 你是否有旅游的经历？〔单选题〕

   A．有

   B．没有

6. 你对大学生旅游的态度是？〔单选题〕

   A．提倡，可以丰富大学生活，增长见闻

   B．中立，大学生旅游可有可无

   C．不提倡，影响学习，增加经济负担

7. 请问你旅游的频率是？〔单选题〕

   A．一个月一次

   B．三个月一次

   C．半年一次

   D．一年一次或没有

8. 你出游的一般费用为？〔单选题〕

   A．1500 元以上

   B．800 元到 1500 元

   C．500 元到 800 元

   D．500 元以下

9. 你旅游费用的主要来源有哪些？〔多选题〕

   A．从生活费中抽取

   B．兼职的收入

   C．奖学金

D. 家庭的支持

E. 其他

10. 你会依靠什么途径寻找旅游信息？[多选题]

A. 报纸和杂志的广告

B. 亲朋好友的介绍

C. 通过互联网查询相关的信息

D. 旅游传单，广告

E. 旅行社咨询

11. 你更倾向于的出游范围是？[单选题]

A. 自己所在的城市

B. 周边城市

C. 出省游

D. 出境游

12. 作为大学生，你通常选择的旅游形式是？[多选题]

A. 旅行社全包价旅行

B. 和朋友一起自助游

C. 班级或团队组织

D. 网上组团

E. 其他

13. 你更倾向于在什么时候出游？[多选题]

A. 寒暑假

B. 法定假期

C. 周末

D. 根据目的地选择合适的季节

E. 有空闲时间的时候

F. 想去就去，逃课也无妨

14. 你出游时，首先考虑的因素有哪些？（请选3—5项）[多选题]

A. 距离

B. 饮食

C. 时间

D. 花费

E. 有否导游

F. 旅游资源，景点风光

G. 安全

H. 交通

I. 住宿

J. 个人身体状况

15. 你外出旅游的目的是？[多选题]

A. 休闲娱乐

B. 丰富知识，了解各地文化、民族风情

C. 购物,品尝各地特产
D. 探险,寻求刺激感
E. 联络友谊(如毕业游)
F. 亲近大自然,欣赏自然风光
G. 释放压力

16. 你认为大学生旅游受到限制或者你放弃旅游最主要的因素是什么?〔单选题〕
A. 缺少可自由支配的时间
B. 缺少足够的可支配收入
C. 没有人陪着,一个人不敢
D. 其他

17. 你对旅游住宿的要求?〔单选题〕
A. 舒适安全但价格昂贵
B. 价格和环境适中
C. 环境较差但价格低

18. 旅游途中,你认为会在哪些方面消费最多?〔多选题〕
A. 餐饮
B. 住宿
C. 商品采购
D. 景点参观
E. 娱乐消费
F. 其他

19. 你的消费观是?〔多选题〕
A. 想花就花,对于比较有意义的花费超出预算也没有关系
B. 精打细算,除必要开支,基本不进行消费
C. 有选择性地消费,消费在个人认为有意义的方面
D. 没有想法,随大流进行消费

案例分析

案例一 80后、85后、90后消费者心理特点分析

思考:
1. 80后、85后、90后消费者的心理有哪些特点和差别?
2. 针对80后、85后、90后及80/90后女性消费者的心理特点,你认为企业应分别采取什么营销策略?

一、80后消费者心理特点分析及营销对策
(一) 80后消费者心理特点分析

如今中国的80后一代有9000万之多。从人口世代划分理论来说,这个群体常被称为新新人类或N一代(Neo-Generation),他们多为独生子女,成长于4—2—1的家庭。他们可能也

是"幸运"的一代,特别是生活在沿海发达地区城市里的一族,处于很好的物质生活环境中,成长于商品文化蓬勃发展、互联网和电子商务异军突起之际,对现代高科技化的生活适应性强。80后一代从小就习惯于影视语言和网络语言,对时尚广告反应迅速。他们不像上一辈人有太多传统文化的记忆和历史负累。造成上述现象的原因是这一代人受到了其长辈无微不至的呵护,物质生活相对比较优越,社会与文化的开放。

精选观点5-2

从消费者心理学角度上讲,过多的呵护反倒会形成一种逆反心理,他们想要保有更多自己的空间,而不需要其他人过多地干预他们的生活。他们也不愿意去关心别人,因为在他们的意识当中,每个人都应该是自立的。可见在这一代人身上,东西方的文化差异会变得越来越小。他们并不拥有财富,不过是纯消费者,出手之间吸引着数以万计厂商的注意力。

今天的80后多数都是喜欢有个性的、有独特风格的产品,最好还不贵,如果有优惠活动,就再好不过了。如喜欢更换自己的手机,要是没有钱买新的,就更换手机的外壳和颜色,总之新鲜就好。最新的研究表明(2006)80后一代讨厌墨守成规,喜欢多变、刺激和新颖的生活方式。他们喜欢新产品,但忠诚度一般不高,习惯将各种品牌换来换去,因为他们是在海量广告的浸泡中长大,遭受产品和各式信息的缠绕,但是,他们更相信自己的感觉和判断,同时,也擅用搜索工具寻找答案。作为不少消费领域的消费先锋,80后一代更注重品质,他们追求时尚,倡导个性,价格不是80后一代考虑的首要因素,他们有很强烈的消费冲动。

80后这种独特的消费心理对厂家和商家们也许有所启示。如:我觉得今天我买了某个东西让我感觉很高兴,那我就觉得这个东西买得值,哪怕它其实用处不大。80后们有时对产品质量上乘不为所动,只有在合适的机会抓住他们的感情才是最重要的。我感动了,喜欢了,紧接着也就掏钱了。这也许就是体验式营销产生的原因吧。要与80后沟通便要够"酷",够"爽",够"潮",广告题目亦因应变得中西合璧,好玩一点。

小资料5-4

2009年,奥美广告公司对中国沿海部分大城市的独生子女一代的调查表明:中国独生子女的消费观念具有明显的全球化倾向。如他们喜欢上网聊天、打电子游戏、手机换个不停、吃洋快餐和穿新潮服饰。不管在美国的纽约、法国的巴黎、日本的东京、韩国的汉城,还是中国的上海,都可以看到几乎同样装束的年轻人。他们更加追求自我,更喜欢标新立异地扮酷。

图5-5 新生代的年轻人的消费观念
具有明显的全球化倾向

如今越来越多的广告与营销人本身就是80后,他们更容易与80后们拉近距离。要学会找到80后的特征元素,让你的品牌与他们产生概念对接,这正是当代广告与营销人共同的观点。80后是非理性、非秩序的感性群体。

(二) 针对80后一代的营销对策

针对80后一代的消费心理特点,经营者要注意以下几点:

第一,80后极易受他人(特别是偶像或意见领袖)影响,因此建立一个同类社群,大家有共同兴趣及目的,通过口碑传播,最为有效。如能用上姚明,专门设计推出电脑及在线游戏,把品牌及产品巧妙混入其中,让参与者可与偶像一起跨越障碍或打篮球,最为有效。

第二,80后对高科技产品及新事物的兴趣及接受度都异常高,在广告传播方面,可多用通讯(手机)或影音技术的载体把流行文化传送给他们。

第三,对于各种新媒体,网络对80后最有杀伤力。他们每天都在各种地方上网,使用网络已炉火纯青。他们会支持在网上的活动,包括80后作家、歌手、偶像,重点是参与感。用网络并不局限于"影像",而是整个"感官体验"。

第四,要打造80后娱乐新时代。既然知道他们喜欢用什么媒体,知道他们喜欢哪个偶像,又知道他们爱参与、爱体验、爱口口相传,且"玩"是80后生活的主体(其中一个调研指出,"玩"的花费可达他们日常消费的1/3),那教会他们"怎样玩"以及通过何种载体让他们觉得"好玩"便是关键。如可口可乐公司在美国设立了一个职位,类似"80后生活总监",这位朋友整天与80后青年生活在一起,了解他们的文化、喜好、各种媒体运用,然后把可乐要配合、带领的都做好,有些卧底营销的味道,但肯定比闭门造车好得多。

记住:只有了解80后消费心理特点,才能赢得明天的营销。

二、85后消费者心理特点分析及营销对策

(一) 85后消费者心理特点分析

目前在营销实践中有人认为简单地划分与分析80后特点有点过于笼统,由于社会与经济环境的迅速变化,85后这一概念正在兴起并越来越引起营销界的关注。这一群体在独立性、自主性、自我张扬表现方面比80后前期有了较大的变化,同时在经济上比起90后有了较为充实的基础。

从营销与心理学角度来看,对85后最受广泛认同的描述是"流行与时尚的领跑者,自主与创造的拥护者,娱乐与表现自我的狂热者"。但最广泛认同不等于最精确描述。

随着社会经济的迅速发展,85后消费正逐步走向社会舞台的中央。85后自我意识的逐渐成熟也就据此引发消费观念的变化,如果说个性化中的80后显得是被动地接受规范,那么85后对自己看法的改变而产生的效果更主动、更深远。社会角色、经济能力的剧变让85后对自己重新定位,此时他们对品牌观念的变化主要表现为:对于没有明显个性品牌反应的钝化,不因时而变的炫酷的品牌很可能成为85后嘲弄的对象。

过去一系列的市场调查表明80后对品牌迁移极快,品牌忠诚无从谈起。但今天越来越多的85后正在发生变化,对品牌忠诚度大大提高,特别是对国产品牌开始产生好感,从近三年的体育用品营销业绩就可以看出。李宁、联想、爱国者等一批国产品牌正在成为85后的首选。

85后变化的一个重要方面是由于环境变化所导致的生活方式的改变,究其原因主要是互联网的运用,已进入虚拟社区阶段的互联网给85后以更多的自由展现自己的个性与创造力,通过播客、博客等对产品、品牌表达自己的看法。

85后一代有独特的思考方式和自我化或个性化的价值观念,他们崇尚个性彰显,特别是敢于标榜自我,他们渴望成名,尽早出名。这是上一代人(70后和80后)不敢想象的。

记住:作为商家或营销人就要深入研究商品在85后的消费者心目中代表什么,能满足他们什么需要和利益。特别是品牌形象要不断出新,他们父辈喜欢的儿子不一定喜欢,现在不少企业维持品牌理念的做法只能是一厢情愿。85后喜欢跟风走,明星对他们的影响大于广告。85后一代生活在信息化时代,他们喜欢在网上购物与团购。这可能是85后区别于70后、80后消费者的一个明显特征。

你看精明的85后会在实体店里看好衣服,记下价格,然后去网上淘价格更便宜的相同款式的服装、家电、化妆品、家居用品。面对网络的冲击,他们一致认为商场提供的是生活方式样本和实际购物体验,这些都是网络无法替代的。有人研究认为85后一代更喜欢网络与娱乐结合的营销模式,他们对广告有天生的"免疫力"。要通过传统的广告形式打动85后现在看来是不容易的。他们对传统媒体并不感兴趣,有的已基本不看电视,而相反,趣味性的、体验式的、互动性的网络营销活动更能打动他们,激发他们的购买欲。

(二)针对85后一代的营销策略

针对85后一代营销方式一定要应消费者而变,网络营销也许就是最适合85后一代的。因为今天的85后若没有网络、手机是无法想象的。他们获取商品信息的主要途径是网络,传统的广告可能已无法打动他们。因此商家要学会借助各种网络工具、游戏等加强与85后消费者的沟通或热点话题的营造。难怪微软最新的办公软件中一定有游戏,因为用户绝大多数是85后一代,对此我们的经营者又能了解多少呢?

三、90后消费者心理特点分析及营销策略

(一)90后一代消费者心理特点分析

在分析了80后、85后的特点基础上,我们再来看看90后一代的特点。相比于逐渐成熟,甚至"奔四"的80后,90后的价值观、审美观、消费观都有很大的不同,这些特点使得诸多商家摸不到头脑。

2009年,中国青少年研究中心发布的调查数据显示,在8岁到16岁之间的中国儿童中,超过70%都有上网经历。现在,超过一半的城镇儿童家中有互联网连接。这种生活特征,致使新E时代(主要是90后一代)出现了"宅女"、"宅男"这类特殊的群体。这可能是90后最大特点之一。

这些孩子在蜜罐中长大,却以孤独的姿态无病呻吟,对于他们而言,网络世界甚至比现实世界更为重要!这种赖在电脑前的"宅"一族,正是让传统商家最为头疼的一伙人,人家不来你的商店,你能怎么办?话又说回来,"宅"一族则给了网络商家与网络媒体发挥的巨大空间。遍寻90后的网络足迹,网媒是90后关注度最高的平台。具体地说:

1. 网络游戏

"不会玩网游,必须是落伍"是90后挂在嘴边的口头禅。不论是劲舞团、卡丁车或魔兽世界,都是90后挥霍时间的舞台。

2. 视频网站

90后是真正的"声色一族",土豆网、优酷网、b站、新浪播客给了太多非主流参与的机会。

3. 非主流论坛

受"哈韩"、"哈日"风潮影响,90后中出现了大量"大眼睛、长睫毛、穿着个性"的非主流一族。他们聚集在非主流论坛,张扬个性,互较长短。

4. 网上商城

"宅男"也好,"宅女"也罢,总还是要购物的。既然传统商店逛起来麻烦,就不如坐在电脑

面前"淘宝"或者"京东"了。和80后、70后不同,90后在购物网站上消费大胆并且前卫,不仅购物数量惊人,而且很多高价品也被其收入囊中。

5. 手机网络

现在还有只靠电脑挂QQ的吗?照相还用随身携带DC吗?就现在的手机功能来看,完全具有上网、听歌、看电影、看视频、拍照、玩游戏、翻译等功能。我们常可以看到一个孩子,只要拿着手机,他这一天就不会寂寞。

商家若能够注意到90后的特点,也就不难找出相应对策进行销售推广。

(二) 针对90后一代的营销方法

方法1:娱乐体验

在过去,舞台是明星的舞台,专栏是专家的专利。而今天,这些出身草根又身怀绝艺的孩子可以通过播客播放自己的电影,通过专栏书写自己的文字。同样,前些年的《超级女声》同样利用了这个原理,通过这些栏目与网络新工具可以让一个默默无闻的孩子一夜成名。试想,既然一个默默无闻的孩子可以一夜成名,那么一个默默无闻的品牌是否可以借助这些平台一夜成名呢?

方法2:心情体验

90后是感性的一代,也是"看心情"行事的一代。同样,今天的心情适合喝葡萄味道汽水,明天也许就是橘子味道。既然你心情多样,我就给你多种选择!打开可口可乐的官网,你就会发现这里纯粹是一个年轻人的社区。可口可乐的"创意永恒之塔"、美之源的"玩趣搭机拉大奖"、芬达的"芬达酷玩瓶"、雀巢冰爽茶的"冷言冷语"、雪碧的"雪碧HIGH一下",所有这些都能够让参与者在游戏与展示创意中感受各产品独有的品牌核心价值,让参与者的每种心情都获得一种不同的体验。

方法3:功能体验

90后是声色一族,视觉、听觉、味觉、嗅觉、触觉的综合感受,才能让他们感到新、奇、怪,才能让他们产生兴趣。拿冰纯嘉士伯来说,其官网就特别为"不准不开心"一族准备了丰富的手机铃声、手机墙纸、屏幕保护、手机版广告、电视广告、电脑墙纸、电脑屏保等声色大宴;而"测测你的开心指数"户外广告牌,更是将触觉体验植根于消费者心中。企业如果能够提供"五感俱全"的"感受",那么搞定90后将更具实效。

四、80/90后女性消费者心理特点分析及营销策略

(一) 80/90后女性消费心理特点分析

在过去20年里,获益于中国经济发展和社会开放的中国女性,在社会中的地位以及在家庭财务支配中的发言权,大概是上下5000年来最高的。调查表明(2008),在购买大额商品时,如房子、汽车或多种奢侈品,越来越多的中国女性表示她们能做出独立购买决定,其余的女性会与配偶商量后做出决定,但她们的个人偏好仍然会对最终决定产生重大影响。近年来在中国的一些发达地区,受到外来思潮的影响,加之年轻人经济收入的迅速增长,第三次单身浪潮正在袭来,这也使得单身女性成为一支不可忽视的消费力量。如今,在中国一线市场,中国女性的消费"决策权"早已经从传统的食品杂货、化妆品、服装,发展壮大到旅游健身、文化教育、休闲娱乐、数码产品、奢侈品(中国女性的奢侈品消费占市场的55%)、房产、汽车等新的精神高端消费领域,而中国二三线女性消费市场,正在迅速成长中。因此,可以毫不夸张地说,中国市场消费已经进入"她世纪"。

> **小资料 5-5**
>
> **80/90 后女性消费心理调查**
>
> 最新一次调查(2011)显示,在北京的 450 万驾车者里,女性占到 1/3,达 150 万人,这一趋势在上海、杭州、广州等一线城市也有强劲表现;从几家汽车经销公司的销售状况来看,目前女性购车均有不同程度增长,平均已经占到总销售量的 30% 左右,而且根据业内人士预测,这个数目还将有大幅度增长。2009 年有关机构的市场调研中都有意识地分析了女性轿车的消费情况。调查发现,度身定做女性车在中国还真是有市场的。
>
>
>
> 图 5-6 80/90 后关键词
>
> 但女性汽车在设计中要考虑到她们的特点,如在汽车前座底下设有一个黑色的帆布箱,可以放高跟鞋;遮阳板上有可以拉开的化妆镜;副驾驶前面的储物箱里,设计了纸巾盒和放饰品的地方;后座有可以伸缩的衣架,其中间座位的靠背上设计了收放式小桌板,上面可以放两个杯子和零食等等。
>
> 调查表明(2009),年龄在 20—30 岁(80、90 后)之间的知识女性是未来营销中最有价值的顾客群体之一。她们是户外运动、自我形象与自我发展等营销项目的主要消费者。而且学历越高,收入越多,花钱越冲,追求时尚没商量。调查还表明,年轻知识女性在选择商品时,一般来说影响她们消费的因素依次是品牌、自我形象(体验)、质量、价格,而其他阶层的消费者情况可能就不一样了。所以未来女性市场关键是深入了解她们的内心欲望,开发满足她们需求的项目,才能财源滚滚。

更有意思的是"女人要有自己的房子"这一观念正在深入人心,现在也成了许多职业女性的座右铭。分析其内在动机,对于女性而言,一间房子在心理层面等同于独立、自主和安全感,在现实层面则等同于长线投资和经济收益。有调查表明,单身女性的买房意识明显强过单身男士。据统计,每 10 个女性购房者中,就有 3 个是未婚。

这些对房地产经营者有着重要的启示作用。记住:"荷包掌握在她手中"在本世纪不但会得到进一步加强,甚至还演变为一个世界性的经济模式,成了影响产品销售观念与策略的根本点。经营者今天如何适应当代女性消费心理特点,设计营销策略正在成为经营者关心的重要问题。

(二) 女性消费心理引导策略

在经营的实践中,有人总结出了女性消费心理引导的具体策略。

(1) 激励女性的创造感。

(2) 借助女性"幻想"的魔力。

(3) 鼓励女性用指尖"思想"。

女性的触觉远比视觉发达,致使她们对事物进行决断时,必须相当程度地依赖触觉。在百货公司,女性购买者肯定会要求拿过商品,经她们实际触摸后才可能决定是否购买,换言之,女性不只用大脑思想,也是用指尖"思想"的。对那些购物时表现得犹豫不决的女性,让其亲手触摸触摸,效果会好得多。

(4) 借"被斥感"激起购买欲。女性从众心理尤其强烈,非常害怕自己属于"例外"之列,往往舍弃选择的自由,乐于在"从众泥潭"里打转。

（5）让虚荣女性拥有"唯一"。向她们推销商品时，若能提供大多数女性都向往的"唯有我用"的诱惑，会使其产生"我是唯一被选择的对象"之类快感，不仅能如愿以偿，而且还能用她们向自己同伴吹嘘而连带收到免费广告的效果。

（6）不要撕破"书"的封面。"女性是一本内容和封面相去甚远的书"，为迎合潮流，她们很可能表露出与真实想法（内容）相反或别的主张（封面）。故此，必须透过虚幻的迷雾，先接受她们一口咬定的意见，给她们一个"面子"，再针对其真实本意发动攻势，才有希望探明深藏不露的真实意向。

（7）用赞扬消解女性的烦恼。女性希望自己给人一种完美无瑕的形象，也竭力让自己看起来完美无瑕，致使其最忌讳被他人揭了"伤疤"。如对于体型肥胖的女性，"胖"是绝对禁忌的。店员应尝试赞赏她的高级腕表、别致耳环、新颖装束等无关紧要但又令女性喜悦的特点，如此造成良好的气氛之后，引导女性消费就容易收到事半功倍的效果。

（8）"佩服"女性的一知半解。有些女性特别无法容忍他人的指责，对付这类女性，千万不能揭开她们的底牌，应耐心地将她们当作见多识广的人那样看待，使其自尊心得以满足，便自会欣然接纳意见。

（9）运用权威意见促销。引导女性购买商品需要营销人员综合运用情感唤起和理性号召两种形式，热情地举出众多具有说服力的具体事例，显示出立即能得到的效果；而搬出那些较有名气的，为女性所熟知的权威人士，无疑是其中最为有效的方法。

案例二 消费者购买行为的影响因素调查报告

思考：
1. 该调查报告由哪几个部分组成？
2. 对消费者进行了哪些方面的调查？
3. 该调查显示哪些因素会影响消费者的购买行为？
4. 根据调查数据分析，得出了哪些结论和建议？

一、概要

（一）调查目的

简单了解消费者的消费习惯，并分析各类消费群体的消费活动受哪些因素的影响，让我们更好地了解市场，把握消费者需求，真正了解消费者的需求和偏好，从而创造和让渡价值提高消费者的满意度和忠诚度，将整理得到的信息整合到产品、服务中，便于与消费者建立和发展长期的交换关系。

（二）调查起止时间

调查的起止时间：20××.12.20—20××.12.27。

（三）调查对象

调查对象主要是学生，老师，学校附近的居民以及每天学校门前经过的行人，年龄也没有阶段性，身份和职业也有很大的差别，调查对象较为广泛。

（四）样本量

由于采取直接问卷调查的方法，为了保证数据的有效性和真实性以及代表性，样本容量越大，效果越好，数据分析越接近事实。在规定的时间内，我们需要尽可能多的时间和人力来分配工作任务。但是由于我们学生每天也有必要的学习和生活任务,没有太多的空闲时间,所以我们可利用的时间资源是很有限的,决定了我们不能安排过多的工作量,所以,我们需要制定一个合理的目标和计划,问卷的样本容量也就不能太大了。最终,我们定位为300。

(五)样本抽取方法

样本抽取方法:随机抽样。

(六)收集资料方法

调查采取问卷调查的方法。可以在宿舍楼内进行访问,要求同学们按要求填写问卷,并与之商榷一个固定的空闲时间回收问卷。在学校内可以在湖边或者喷泉广场设置一个固定安置台,安排组员在校园里散发问卷,并约定一个固定的时间来交付问卷。安排组员每天去学校周边的居民家中,诚心寻求帮忙,让居民们为我们认真填写一份真实的问卷,作为我们宝贵的资料。还可以在街上散发给过往的行人,要求简单填写就行。为了确保回收率就不能广泛群发,要一个一个按部就班填写并当场回收。

(七)问卷有效回收率

问卷有效回收率:98%。

二、正文部分

根据问卷数据显示分析得到:

(一)消费者自身状况影响消费

1. 性别

男士主要消费为运动装备、服装、数码产品;而女士消费大多为服装、饰品、化妆品等。

2. 年龄

儿童消费大多为食品、玩具;青少年消费主要是教育;中年人消费则倾向于家庭支出;而老年人则更多地消费在旅游、医疗方面。

3. 收入水平

收入高的人比较多地消费高档奢侈品,认为这是自己身份和地位的象征;而收入低的人生活水平也相对比较低,消费品主要是生活必需品,而没有高档奢侈品。

这些数据表明:因为不同的人,具备不同的条件,而产品和服务是为了满足自身需求的,那么不同的人就会为了迎合自己的需求而选择不同的产品及服务。

4. 个性

个性也会影响消费者行为。这是因为个性包括消费者的兴趣、爱好、能力、气质、性格以及行为方式等许多方面。而个性会支配一个人的行为,由于有着不同的个性,各种喜好便也大相径庭,因而会根据自己的喜好来选择不同的产品甚至是消费方式,形成消费的差异化。

5. 感情

感情很大程度上也支配了消费者的行为。各种休闲活动,感官享受,梦想,对某种微妙差别的感受以及情感都会影响消费行为。

(二)市场所提供的产品和服务水平影响消费者行为

(1)根据问卷数据能够看出,40%的人认为价格是他们是否购买产品的决定因素,同种产品或替代品中,价格是首要考虑因素。而36%的人认为产品的质量才是决定性影响因素,但是这仅限于收入比较高的人来说。对于收入不高的人来说,产品的性价比才是消费活动的决定性影响因素。

(2)产品的品牌知名度、时尚度、产品包装、广告宣传、产品配送方式以及替代品等都对消费者产生了深远的影响。不同的消费者都不同程度地受到各种因素的影响,对于不同的人来说,每种因素影响程度不同,对同一个消费者在不同时期内的消费活动,相同的因素也发挥了不同的作用。

(三)消费行为还与地理因素有关

少部分数据还表明:消费行为还与地理因素有关。不同地区有不同的地域文化和风气,习俗、生活方式、宗教信仰都有很大差别,因而不同地区的消费者往往会形成不同的购买习惯和消费偏好。

(四)外部环境也对消费者的消费行为起到了很大的刺激作用

例如促销活动便是一种很好的激发消费者购买行为的营销方式,促销可以提高购买发生率,增加购买数量。

(五)其他

此外,许多消费者行为过程中都会有很多不同的参与者,根据每个参与者对我们自身的影响程度不同,由他们所扮演的角色对消费者的购买决策产生的影响力也是不同的。

三、结论和建议

消费者对于我们每一个人来说,往往是既熟悉又陌生的。熟悉的是,我们每一个人都是消费者,每时每刻都在消费,而且每一次的消费行为看上去似乎都是那么的简单、平淡;陌生的是,消费者有如此复杂的心理和行为,有时候一种心理或行为反应发生后,连我们自己都无法理解。

在市场经济条件下,不仅产品价值的实现离不开消费者,而且企业的价值创造过程也需要消费者的积极参与。企业只有将消费者纳入其供应链的管理,便可以更多、更有效地获取顾客信息,创造顾客知识,并通过多种途径将其转化为先进的流程、结构及创新性的产品或服务,从而更好地满足顾客需求,建立和维护企业的市场竞争优势。

根据此份问卷调查的不全面数据,营销人员或者是企业策划人员都应该把消费者购买动机和需求放在第一位,仔细斟酌考虑这些影响消费者行为的因素。消费者即是市场,我们的产品就是要适应市场变化,迎合市场需求,所以在设计和营销产品时要更加注重理性,更多地去满足消费者不同的需求和欲望。

(一)目标市场的不同,应采取产品的差异化战略

充分考虑消费群体的年龄、性别、收入水平、地域文化、宗教信仰、感情认知等因素。对于自己的产品,目标市场定位要准确,将合适的产品、服务提供给对其有需求的人。其次,针对不同的目标细分市场,必须要了解该消费群体所具有的特征,提供相对应的产品和服务,这样比较容易引起消费者的喜爱和支持。

(二)产品的包装及配套服务也应尽快完善

精美的包装可以吸引顾客眼球,引起消费者兴趣,提升产品的附加价值,满足消费者的审美需求。售后服务应考虑周全,提供多样化服务,诚心为顾客办实事,尽量便民利民。这样有助于赢得顾客好感,提高企业核心竞争力。

(三)在信息化、网络化的时代,不要过分地相信"酒香不怕巷子深"

如今市场繁杂,产品众多,做好广告宣传对产品的营销有着举足轻重的作用,可以提高产品的知名度,更是提供了直观便捷的渠道让消费者更多地了解自己的产品,吸引消费者眼球,

激发购买欲望。

（四）新技术的发展和物流业的兴盛为消费者获取快捷的产品和服务提供了可能

经济的发展，技术的突飞猛进，交通日益四通八达，合适的货物配送方式，为消费者快速准时便利地提供产品和服务，消费者自然满意。

（五）公关活动对产品销售有着不可替代的作用，这一点是毋庸置疑的

做好公关活动，不仅可以树立企业良好的形象，提升企业竞争力，还可以获得顾客好感，增进与顾客感情，与顾客建立长久稳定的交易关系，对企业能够保持甚至扩大市场占有份额功不可没。公益活动是一项常见的公关活动，但是公益活动要注意把握度，不可过度散发企业资源，也不可一毛不拔。

消费者行为的核心思想是，消费者行为是由感情、认知、行为、消费者个体及外部环境等关键变量之间的交互作用所决定的，其中任何一个变量都影响着其他变量，同时也为其他变量所影响。每一个变量都有可能随着时间的推移发生改变，只要这种改变足够大，就会导致消费者行为的变化。因此，我们营销人员要真正理解消费者行为并做出有效的营销决策，就必须考虑消费者行为的这种动态特征，关注消费者在感情、认知、态度和行为方面的反应，为决策提供依据和基础，从而实现多角度、深层次、宽领域地满足消费者多样化需求。

附件：关于影响消费者购买行为的影响因素调查

关于影响消费者购买行为的影响因素调查

您好：

我是××学校的在校学生，我们正在做关于影响消费者购买行为的因素调研，想耽误您一点宝贵的时间，了解下您的想法。您的回答将被完全保密，谢谢您的协助与支持！

1. 您的性别是？（　　）
A. 男　　　　　　　B. 女

2. 您的年龄段？（　　）
A. 20 岁以下　　　B. 20—30 岁　　　C. 30—40 岁　　　D. 40 岁以上

3. 您的学历水平是？（　　）
A. 本科以上　　　　　　　　B. 大专
C. 中学生　　　　　　　　　D. 小学及小学以下

4. 您的职业是什么？（　　）
A. 企业，政府机关人员　　　B. 个体工商户
C. 学生　　　　　　　　　　D. 自由职业

5. 您的月收入是多少？（　　）
A. 2000 以下　　　B. 2000—5000　　　C. 5000—8000　　　D. 8000 以上

6. 您的居住场所是哪里？（　　）
A. 市区　　　　　　B. 城镇　　　　　　C. 城郊　　　　　　D. 农村

7. 您平时都选择怎样的购物方式？（　　）
A. 大型超市　　　　B. 网购　　　　　　C. 百货卖场　　　　D. 特色小店

8. 您经常在什么心情下选择去消费？（　　）
A. 高兴　　　　　　B. 生气　　　　　　C. 舒适　　　　　　D. 紧张

9. 购物时,决定您是否购买的因素是什么?(　　)
   A. 性价比　　　　　　　　　　B. 时尚度
   C. 品牌　　　　　　　　　　　D. 只要自己喜欢就行
10. 您是通过什么方式了解产品的?(　　)
    A. 电视广告　　　B. 报纸杂志　　　C. 推销人员　　　D. 朋友介绍
11. 您觉得自己是什么类型的消费者?(　　)
    A. 消费冲动型　　B. 稳重消费型　　C. 量入为出型　　D. 精打细算型
12. 您经常购买什么产品?

13. 您认为自己的购买行为还会受到哪些因素的影响?

对于您所提供的协助,我们表示诚挚的感谢!为了保证资料的完整与翔实,请您再花一分钟翻看下自己填过的问卷,看看是否有填错、漏填的地方。谢谢!

调查时间:　　　　　　　　　　　　调查地点:
调查对象:　　　　　　　　　　　　调查人员:

实训练习

实训一　中学生笔记本电脑消费心理及行为调查

鑫鑫公司拟对中学生笔记本电脑的消费进行如下调查:
1. 消费者的笔记本电脑使用情况与消费者心理(必需品、偏爱、经济、便利和时尚等);
2. 消费者对笔记本电脑各品牌的了解程度(包括功能特性、价格和质量保证等);
3. 消费者对品牌的意识、对各品牌的喜好程度及品牌忠诚度;
4. 消费者消费能力、消费层次及消费结构;
5. 消费者理想的笔记本电脑描述(包括笔记本的颜色、外观、价格、功能和内存大小等方面的偏好与需求)。

试根据以上调查内容,为鑫鑫公司设计一份合适的市场调查问卷。

实训二　注册"问卷星"调查网站进行网络调查

1. 实训背景

由于网络市场调查具有信息传播速度快、成本低、方便快捷、调查结果客观可靠且能和被调查者及时沟通等优点,在实际的市场调查中使用越来越广泛。

请为鑫鑫公司注册成为"问卷星"调查网站的会员,并将实训一的问卷放到"问卷星"网站上进行网络调查。

2. 实训组织

第一步:组建实训小组。将教学班学生按每组6—8人的标准划分为若干个课题小组,每个小组指定或推选出一名小组长。

第二步:明确实训课题。每个小组根据实训要求,完成问卷星调查网站会员注册的操作,并将实训一的调查问卷上传到问卷星网站上进行网络调查。

第三步:实施实训操作。每个小组根据市场调查的背景资料及实训要求,调配资源,明确小组成员的任务,设计市场调查目的、调查内容和调查方法,并制作 PPT 课件。

第四步:陈述实训结果。集中安排各小组推荐发言人代表本小组,借助 PPT 课件,向全班陈述本小组的实训结果,接受"质询"。

第五步:教师点评每组实训情况,并由全班进行投票,评选出该次实训的获奖小组,给予表扬和奖励。

3. 实训考核

实训成绩依据学生上课出勤、课堂讨论发言、市场调查目的和内容与调查方法的设计水平、PPT 课件制作水平、实训结果陈述水平等进行评定。首先,小组长根据学生出勤、讨论发言等评定出每位成员的个人成绩档次(优秀、良好、中等、及格和不及格);然后,指导教师根据小组提交的市场调查目的、内容和方法的设计结果及 PPT,综合评出各小组成绩;最后,根据以下公式计算出每位学生的最终成绩。

个人最终成绩=30%×表 5-1 中的成绩+70%×表 5-2 中的成绩

表 5-1　小组长评定组内成员成绩表

小组成员姓名	小组成员成绩(分)				
	优秀 (90 以上)	良好 (81—90)	中等 (71—80)	及格 (60—70)	不及格 (60 以下)

表 5-2　指导教师综合评定每组实训结果成绩表

评价内容	分值(分)	评分(分)
调查目的明确且符合要求	20	
调查内容的完整性、调查方法的合理性	30	
实训 PPT 的设计质量和效果	30	
实训汇报的表达效果	20	
实训总体评分	100	

项目六
调查市场营销因素

学习目标

1. 说出市场营销因素和市场营销组合的含义。
2. 说出影响市场营销组合的因素。
3. 能写出市场营销因素调查的调查报告。
4. 列举问卷设计的原则。
5. 说出问卷设计的程序。

项目背景

现今,各式各样的时尚食品凭借良好的口感、炫目的包装、独特便捷的食用方法赢得许多人的青睐,俨然成了食品消费的重要内容。零点集团针对城市居民的一项最新调查显示,时尚化已成食品产业争夺消费者的重要策略。"休闲的就是时尚的"已成为人们对食品时尚性的共识,而口味的时尚以及品牌形象的时尚性在消费者看来是最重要的。

不足 500 g 的重量却带动了几百亿的市场,俗称"零食"的休闲食品对于今天的消费者意义绝非那么简单。美味零食能减压,能让自己开心以及缓解情绪。正因为如此,在人们的日常开支中,零食的开支不仅没有减少反而走强,即便金融危机影响深远,休闲类食品受到的冲击依然很小。不断地创新,不断地细分,休闲食品的年销售量到达了 200—300 亿,但相比较西方发达国家年人均消费 26000 g,我国人均年消费 16.6 g 还相距甚远,潜力不可限量。而且市场发展的趋势从低端到高端,消费能力的提升使高端需求越来越强盛,中国本土高端消费群体已经浮出水面,中国休闲食品业开始崛起一部分高端品牌。对于营销还不成熟的中国企业来说,高端时代是机遇更是挑战。

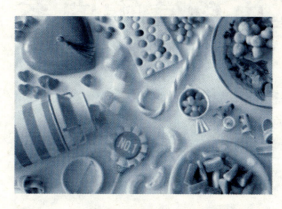

图 6-1　各种休闲食品

零点公司是上海的一家经营休闲食品的中小企业,欲扩大其品牌知名度,提高市场占有率,因此请数讯市场调查公司进行"上海休闲食品市场营销组合因素的调查",以改善公司的市场营销组合策略。

任务热身

1. 市场营销因素有哪些?什么是市场营销组合?
2. 影响市场营销组合的因素有哪些?
3. 问卷设计应遵循什么原则?
4. 应按什么步骤进行问卷的设计?

企业建言

企业对自己可控的各种营销因素进行优化组合和综合利用,形成了各种市场营销组合。市场营销组合是企业市场营销战略的核心,它放大了市场营销功能,有利于提高企业长期整体营销效益。因此,做好市场营销因素的调查对企业来说,是事关全局的事。

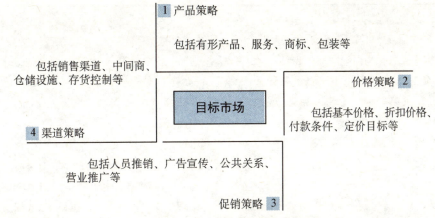

图 6-2　市场营销组合示意图

知识储备

一、市场营销因素及营销组合的含义

营销因素,即市场营销组合因素,一般来讲包括 4 个要素"产品、价格、渠道、促销"。不过随着营销竞争的不断升级,决定营销成败的要素也在增加,现在又增加了"需求(即产品)、服务(即配套服务)、成本(即成本和价格)、便利性(即购买渠道)、沟通(即宣传推广和促销)"。因此,营销因素基本上包括两种表达方法:

第一种:产品、品牌、价格、渠道、推广、促销共六大因素;

第二种:市场需求、实现成本、价格策略、销售渠道(或消费便利性)、宣传推广(或称顾客沟通)、销售促进,共六大要素。

市场营销组合,是市场营销中的一个最基本概念,是指企业针对目标市场的需要,综合考虑环境、能力、竞争状况,对自己可控制的各种营销因素进行优化组合和综合运用,使之协调配合,扬长避短,发挥优势,以取得更好的经济效益和社会效益。

> **精选观点 6-1**
>
> 市场营销组合是企业本身针对目标市场的要求和特点,综合运用企业可控制因素,实行最佳组合,借此达到企业盈利的目标的整体营销活动。

由于市场需求受若干"营销要素"或"营销变量"的影响,企业要对这些要素进行有效的组合,才能获得期望的市场效果和最大利润。在企业探索消费者需求的过程中,他们的探索主要在 4P、6P、及 4C。

(一) 营销因素 4P 组合

产品(product)——质量、功能、款式、品牌、包装;

价格(price)——合适;

促销(promotion)——好的广告、营业推广;

渠道(place)——建立合适的销售渠道。

> **小资料 6-1**
>
> ### 营销组合 4P 的由来
>
> 　　1960 年,麦卡锡(E. J. McCarthy)在《基础营销》一书中提出了著名的 4P 组合。麦卡锡认为,企业从事市场营销活动,一方面要考虑企业的各种外部环境,另一方面要制订市场营销组合策略,通过策略的实施,适应环境,满足目标市场的需要,实现企业的目标。
>
>
>
> 图 6-3　市场营销组合模式图
>
> 　　麦卡锡绘制了一幅市场营销组合模式图,图的中心是某个消费群,即目标市场,中间一圈是四个可控要素:产品(Product)、渠道(Place)、价格(Price)、促销(Promotion),即 4P 组合。在这里,产品就是考虑为目标市场开发适当的产品,选择产品线、品牌和包装等;价格就是考虑制订适当的价格;地点就是讲要通过适当的渠道安排运输、储藏等把产品送到目标市场;促销就是考虑如何将适当的产品,按适当的价格,在适当的地点通知目标市场,包括销售推广、广告、培养推销员等。
>
> 　　图的外圈表示企业外部环境,它包括各种不可控因素,包括经济环境、社会文化环境、政治法律环境等。麦卡锡指出,4P 组合的各要素将要受到这些外部环境的影响和制约。

(二) 营销因素 6P 组合

　　在 4P 组合的基础上,增加了政府权力和公共关系两个因素。政府权力(power)依靠两个国家政府之间的谈判,打开另外一个国家市场的大门。公共关系(public relations)利用新闻宣传媒体的力量,树立对企业有利的形象报道,消除或减缓对企业不利的形象报道。"两害相遇取其轻"、"软广告"、"民众的舆论"在中国将会起更大的作用。

(三) 营销因素 4C 组合

　　由美国劳特朋(Robert Lauteerborn)针对 4P 理论存在的问题,从营销者的角度提出了 4Cs 营销理论,即企业要想在市场竞争中立于不败之地,必须力求尽量经济、方便地满足顾客的需要,同时和顾客保持有效的沟通。包括以下几个方面:顾客的需要和欲望(consumer needs and wants)、顾客的成本(cost to consumer)、便利(convenience)和沟通(communication)。

　　在这些组合因素中到底哪种最重要,这会因行业、业态不同而异,一般来说,其中受到高度重视的是产品,企业提供的产品是否是市场所需产品,是否能满足消费者需求,解决消费者所要解决的问题,提高消费者希望获取的利益,这才是产品的关键所在。只有让消费者满意,消费者才会认可并接受本企业的产品。

　　关于产品的市场调查,我们已在项目二进行了详细讲述。然而,企业对于其他市场营销组合因素也应给予相当的重视。如果企业不是以市场为导向,而是停留在产品观念或推销观念上,就会造成产品的大量积压。企业的成败,在很大程度上取决于这些营销因素的组合策略的选择和它们的综合运用效果,因此,企业应重视对各营销因素的市场调查,为采取恰当的组合策略提供依据。

二、影响市场营销组合的因素

　　企业使用市场营销组合受到以下因素的影响:

（一）企业营销战略

在运用市场营销因素组合时,应首先通过市场分析,选择最有利的目标市场,确定目标市场和市场发展策略,在这个基础上,再对营销因素组合策略进行综合运用。

（二）企业营销环境

企业在市场营销因素组合活动中面临的困难和所处的环境是不同的。自 20 世纪 70 年代以来,世界各国政府加强了对经济的干预,宏观环境对企业的市场营销活动的影响越来越大,有时起到了直接的制约作用。企业选择市场营销组合时,应把环境看作是一个主要要素,时刻重视对宏观环境各因素的研究与分析,并对这些不可控制因素做出营销组合方面的必要反应。

（三）目标市场的特点

目标市场的需要决定了市场营销组合的性质。企业要规划合理的市场营销组合,首先要分析目标市场各个方面的条件。根据目标市场以下三个方面的条件,可以分析它们对各个基本策略的影响,从而判断哪种营销组合更切实可行、更具有吸引力和更有利可图。

第一,目标市场消费者情况。

第二,目标市场消费者选购商品的意愿。

第三,目标市场竞争状况。

（四）企业资源情况

企业资源状况包括企业公众形象、员工技能、企业管理水平、原材料储备、物质技术设施、专利、销售网、财务实力等。这就决定了选择合适的市场营销组合必须与企业实际相符合。企业不可能超出自己的实际能力去满足所有消费者与用户的需要。

精选观点 6-2

企业营销管理者正确安排营销组合对企业营销的成败有重要作用:

1. 可扬长避短,充分发挥企业的竞争优势,实现企业战略决策的要求;
2. 可加强企业的竞争能力和应变能力,使企业立于不败之地;
3. 可使企业内部各部门紧密配合,分工协作,成为协调的营销系统(整体营销),灵活地、有效地适应营销环境的变化。

企业故事

海尔的市场营销组合策略

1. 产品策略:直接针对市场进行产品创新

海尔把品牌看成企业发展的第一要素,强调通过品牌树立企业及产品的差异化形象。海尔有句格言:"质量是产品的生命,信誉是企业的灵魂,产品合格不是标准,用户满意才是目的。"海尔品牌策略的核心是凸现服务优势和强调技术与创新。在缺乏诚信和好的服务理念的时期,海尔的策略更加关注于服务。

创新是海尔文化的核心。在海尔,不是"居安思危"而是"居安思进";在海尔,成绩只属于过去;在海尔,所有的人,所有的工作都必须时时创新。海尔人一贯追求的

图 6-4 海尔兄弟

产品理念,即"创新的目标是创造有价值的订单"。在产品开发上,海尔建立了"从市场中来,到市场中去"的环形新产品开发机制。

2. 定价策略:不打价格战,重视价值

海尔在使用价格方面不打价格战,而是极其注重价值的提高,以质取胜。

使用认知价值定价方法:即依照海尔产品所能表现出来的实物价值、品牌价值、服务价值和其他价值形式,建立了相对独立的在消费者心目中的认知价值,并以此作为海尔产品的价格基础,取得了相对独立的价值认知系统:提高顾客让渡价值,增加顾客满意度。事实上,在消费者高度成熟的今天,消费者已经不仅仅单纯地以价格为度量购买的唯一尺度,与顾客让渡价值有关的因素已经开始在消费者的购买选择中越来越多地体现出来。价格优势不等于低价格,一个企业应该以自己层出不穷的新产品建立起消费者认可的价格优势。目前的产品和企业竞争归根到底不是价格的竞争,而是综合实力的竞争——质量、个性化设计、品牌、服务的竞争。为适应不同消费层次的消费者的需求,海尔采取的是拉长产品价格战线的做法,海尔集团副总裁周云杰称:"我们从一千多到一万多的空调产品都有,每隔 50 元,消费者就可以找到两款机型。我们会根据全国不同细分市场的情况来确定哪个市场上推出什么样的产品。"

3. 渠道策略:多渠道发展

海尔初期从依靠商场销售到店中店建设,再到建设自己的品牌专卖店,迅速提升了海尔品牌的知名度和信誉度。海尔在全国各地的销售渠道以设立店中店和专卖店等销售网点为主,为了加强对各个网点的控制,海尔在各个主要城市设立了营销中心。

4. 促销策略:针对社会不同群体的销售策略

①广告策略:独具特色,透露出对消费者的处处关怀。②营业推广策略:海尔集团公司下属的三大公司所开展的每次宣传促销活动不是针对某种具体产品而进行的,不是以短期内提高某种具体产品的销售额和市场占有率为唯一目标,而是集中于一个共同的目标——在"海尔"的目标社会公众中传播、维护和完善"海尔"良好的企业形象,树"海尔"这块牌子,更重要的是把营销对象扩展到更广泛的范围。③人员推销策略:从1996 年,海尔集团陆续投入近千万元,为 139 个县的农民送映一万场电影;开展消费者学校系列活动,向消费者介绍如何选购家电和家电保养等方面的知识;开展夏令营活动,通过这项活动对入营青少年开展以爱国主义为主题的旅游活动。④公共关系策略:砸掉 76 台冰箱,砸出海尔质量,砸出海尔信誉!

智慧点评:

做好营销因素的市场调查,分析总结,制定合理有效的市场营销组合策略,对于企业的壮大发展至关重要。

三、问卷设计的原则和程序

(一) 问卷设计的原则

1. 有明确的主题

根据主题,从实际出发拟题,问题目的明确,重点突出,没有可有可无的问题。

2. 结构合理、逻辑性强

问题的排列应有一定的逻辑顺序,符合应答者的思维程序。一般是先易后难、先简后繁、先具体后抽象。

3. 通俗易懂

问卷应使应答者一目了然,并愿意如实回答。问卷中语气要亲切,符合应答者的理解能力和认识能力,避免使用专业术语。对敏感性问题采取一定的技巧调查,使问卷具有合理性和可答性,避免主观性和暗示性,以免答案失真。

4. 控制问卷的长度

回答问卷的时间控制在20分钟左右,问卷中既不浪费一个问句,也不遗漏一个问句。

5. 便于整理

问卷的设计应便于资料的校验、整理和统计。

(二) 问卷设计的程序

问卷设计一般可分为10个步骤,具体见下:

1. 把握目的和内容

问卷设计的第一步就是要把握调研的目的和内容,这一步骤的实质其实就是规定设计问卷所需的信息。这同时也就是方案设计的第一步。对于直接参与调研方案设计的研究者来说,他们也可以跳过这一步骤,而从问卷设计的第二步骤开始。但是,对那些从未参与方案设计的研究者来说,着手进行问卷设计时,首要的工作是要充分地了解本项调研的目的和内容。为此需要认真讨论调研的目的、主题和理论假设,并细读研究方案,向方案设计者咨询,与他们进行讨论,将问题具体化、条理化和操作化,即变成一系列可以测量的变量或指标。

2. 搜集资料

问卷设计不是简单的凭空想象,要想把问卷设计得完善,研究者还需要了解更多的东西。问卷设计是一种需要经验和智慧的技术,它缺乏理论,因为没有什么科学的原则来保证得到一份最佳的或理想的问卷,与其说问卷设计是一门科学,还不如说是一门艺术。虽然也有一些规则可以遵循以避免错误,但好的问卷设计主要来自熟练的调研人员的创造性。

搜集有关资料的目的主要有三个:其一是帮助研究者加深对所调查研究问题的认识;其二是为问题设计提供丰富的素材;其三是形成对目标总体的清楚概念。在搜集资料时对个别调查对象进行访问,可以帮助了解受访者的经历、习惯、文化水平以及对问卷问题知识的丰富程度等。我们很清楚地知道,适用于大学生的问题不一定适合家庭主妇。调查对象的群体差异越大,就越难设计出一个适合整个群体的问卷。

3. 确定调查方法

不同类型的调查方式对问卷设计是有影响的。在面访调查中,被调查者可以看到问题并可以与调查人员面对面地交谈,因此可以询问较长的、复杂的和各种类型的问题。在电话访问中,被调查者可以与调查员交谈,但是看不到问卷,这就决定了只能问一些短的和比较简单的问题。邮寄问卷是自己独自填写的,被调查者与调研者没有直接的交流,因此问题也应简单些并要给出详细的指导语。在计算机辅助访问(CAPI 和 CATI)中,可以实现较复杂的跳答和随机化安排问题,以减小由于顺序造成的偏差。人员面访和电话访问的问卷要以对话的风格来设计。

4. 确定问答题的结构、内容

一旦决定了访问方法的类型,下一步就是确定每个问答题的结构、内容、措辞等。

一般来说,调查问卷的问题有两种类型:封闭性问题和开放性的问题。

确定问答题的内容即要确定每个问答题应包括什么,以及由此组成的问卷应该问什么,是否全面与切中要害。

在此,针对每个问题,我们应反问:

(1) 这个问题有必要吗?

(2) 是需要几个问答题还是只需要一个就行了?

我们的原则是,问卷中的每一个问答题都应对所需的信息有所贡献,或服务于某些特定的目的。如果从一个问答题得不到可以让人满意的使用数据,那么这个问答题就应该取消。

对有些类型的问题,被调查者是不能表达其答案的。例如,询问他们喜欢到什么气氛的饭店吃饭,被调查者往往很难准确地表达。不过如果给出一些描绘饭店气氛的可供选择的答案,被调查者就可以指出他们最喜欢的那一种。否则如果他们不能表达,他们就可能忽视该问题并拒绝回答问卷的其余部分,因此应当提供一些帮助,如图片、地图、描述性词汇等,来协助他们回答。

此外,对每个问题的措辞还应进行仔细斟酌,不要让被调查者产生误解。

5. 决定问题的措辞

调查问卷的措辞应做到以下几点:

(1) 用词必须清楚;

(2) 避免诱导性的用语;

(3) 考虑应答者回答问题的能力;

(4) 考虑到应答者回答问题的意愿。

6. 确定问卷的流程和编排

问卷不能任意编排,问卷每一部分的位置安排都具有一定的逻辑性。有经验的市场研究人员很清楚问卷制作是获得访谈双方联系的关键。联系越紧密,访问者越可能得到完整彻底的访谈。同时,应答者的答案可能思考得越仔细,回答得越仔细。

7. 评价问卷和编排

一旦问卷草稿设计好后,问卷设计人员应再回过来做一些批评性评估。如果每一个问题都是深思熟虑的结果,这一阶段似乎是多余的。但是,考虑到问卷所起的关键作用,这一步还是必不可少的。在问卷评估过程中,下面一些原则应当考虑。

(1) 问题是否必要;

(2) 问卷是否太长;

(3) 问卷是否回答了调研目标所需的信息;

(4) 邮寄及自填问卷的外观设计;

(5) 开放试题是否留足空间;

(6) 问卷说明是否用了明显字体,等等。

8. 预先测试和修订

当问卷设计完成后,还必须进行预先测试。在没有进行预先测试前,不应当进行正式的询问调查。通过访问寻找问卷中存在的错误解释、不连贯的地方、不正确的跳跃模型。为封闭式问题寻找额外的选项以及应答者的一般反应。预先测试也应当以最终访问的相同形式进行。如果访问是入户调查,预先测试应当采取入户的方式。

在预先测试完成后,任何需要改变的地方应当切实修改。在进行实地调研前应当再一次获得各方的认同,如果预先测试导致问卷产生较大的改动,应进行第二次测试。

9. 准备最后的问卷

精确的打印指导,空间、数字、预先编码必须安排好,监督并校对,问卷可能进行特殊的折叠和装订。

10. 实施

问卷设计完成后,为从市场获得所需决策信息提供了基础。接下来就可以将问卷印刷出来,实施正式的问卷调查了。

 **实战体验**

上海休闲食品市场营销组合因素的调查

数讯市场调查公司根据零点公司的要求,首先了解了调查的背景,并据此设计出了本次营销因素调查的调查目的及调查内容,完成了调查问卷。

一、调查背景

1. 上海零食市场的总体情况

长久以来,上海的休闲食品基本保持三类渠道模式:独立包装食品、散装食品和土特产三种。

独立包装食品基本上以大卖场、超市以及遍布大街小巷的便利店为主,没有独立发展。随着高端消费的成型,像711、屈臣氏这些高端连锁便利店成为高端休闲食品主力消费场所,甚至仅以便利店为销售渠道,小众营销。

散装食品,主要是糕点和烘焙类,多为连锁专卖或超市专柜,如徐福记等,以店面品牌带动产品销售。

土特产,包括豆制品、肉制品、海鲜、糖果、炒货等。产品品牌不独立,依附于集群效应,这是一个显著的品牌问题。

2. 三类人群的不同需要

休闲食品的消费人群从年龄上就能明显地划分出三类:18岁以内青少年及儿童、青年人和老年人,其中又以少年儿童、青年人中的女性为主力消费人群。

青少年及儿童,刺激消费。他们是纯粹消费群体,完全依靠父母,而且是完全的主观意愿型,不达目的不罢休,多数情况下父母也会妥协。这类人群最大的特点是对新奇的、刺激性的东西特别感兴趣,而且乐于、勇于尝试;对于"健康"没有任何的概念,从来不在乎是不是对健康不利;对于奇形怪状或者卡通元素特别感兴趣。所以针对这些目标人群的产品视觉上的刺激更多一些,如小熊饼干、趣多多、奥利奥,不是形状可爱,就是名字怪异,要么充满童趣的吃法;在促销上赠送卡通玩具,尤其是经典形象,如白雪公主,变形金刚,对于此类人群的吸引力非常巨大,一旦挑拨起孩子的欲望,父母很难拒绝。

青年人,品牌消费。这是一群被"品牌概念"熏陶长大的人群,而且也是最忙碌的一类人群,他们没有过多的时间精挑细选、斤斤计较,所以他们更讲究品牌,更在意包装精致,同时携带方便,对价格不是太敏感,但一定要最方便购买。同时这也是最多样化需求的人群,针对他们的产品细分出最多的种类,如:针对白领和较高家庭消费能力人群的来伊份,此外还有美容、护眼、瘦身、抗疲劳、低脂等多种细分要求。这类人群已经有了"健康"的需求,所以对于零食类的食品有了一个基本的筛选,不像儿童来者不拒,像糖果、巧克力、薯片、膨化食品等高热量的东西,他们会有选择地消费。

老年人,传统消费。相对于前两者刺激性、美观性的要求,老年人就守旧许多,口味上更单一,形式上更实用,更喜欢酥软的东西,传统、中式食品更受他们青睐,如沈大成糕点、红房子糕点、杏花楼糕点等,而且老年人也有他们特殊的营养需求,针对他们的产品也适合功能细分道路。他们选择得少,但一样消费很大。

二、调查目的与内容

1. 对三类零食的认知度

本次调查所选取的零食,主要分为以下三类:高卡零食、低卡零食和负卡(零卡)零食。零食的分类是通过其所含能量来进行区分的。通过问卷的112题来了解消费者对以上零食分类的了解程度。

2. 对零食价格的认可度

本次调查问题设计中,从零食种类上做了价格区分。零食种类从产品类型上来区分,共有三种:独立包装食品、散装食品和土特产。那么我们选定的消费人群究竟对以上三种零食的价格认可度是多少呢?通过110题、205题、306题和402题可得出结论。

3. 个人基本情况和零食偏好的内在联系

本次调查还要分析受访者的性别和年龄与其零食选择偏好是否具有内在联系。

从此次抽样人群来看,受访者中20—25岁占85%,有66%的人为白领一族。受访者人群中,女性占60%。

三、调查方法

(1) 抽样调查。
(2) 网上问卷调查。
(3) E-mail 问卷调查。

四、问卷设计

此次调查涉及的问题主要包括消费者对零食的偏好,口味的偏好程度,在零食上的消费程度,是否有用零食代替正餐的做法,对不同购物环境的偏好程度,购买零食的主要去处,哪种促销活动能够吸引消费者多购买,在食品安全、口味、价格、包装和功效上,消费者更倾向哪一类,休闲食品的品牌或专营店对消费者购物的影响,以及消费者更看重哪几种健康标准等。本卷一共发放30份。

附:调查问卷

尊敬的先生/女士:

很荣幸邀请你们参与到我们的调研项目。通过这次调查问卷的帮助,我们在您许可的条件下,希望能够了解到您对现在零食市场上的一些偏好和喜爱程度,同时,我们承诺对您的信息进行保密。请确保您的回答符合您的真实情况。最后衷心地感谢您的参与,并祝您一切顺利!(请在选项前打"√")

101. 您对零食的喜好?
    □ 必不可少
    □ 只在某些场合享用
    □ 无论什么都喜欢
    □ 不吃零食
102. 您每周购买几次零食?
    □ 1—3 次
    □ 4—6 次
    □ 7 次(包括 7 次)以上
103. 您经常在哪里购买零食?
    □ 便利超市
    □ 网上购物
    □ 大型连锁商店
    □ 家或工作单位临近的小卖部
104. 您觉得网上购物具有什么优势?
    □ 价格更低
    □ 方便
    □ 在超市很少有卖
    □ 其他_____
105. 哪种促销活动能吸引您购买?
    □ 广告
    □ 免费品尝
    □ 他人推荐
    □ 买一送一
106. 您会选择以下哪种食品?(可选 3 项)
    □ 膨化食品
    □ 坚果类
    □ 糖果
    □ 肉类
    □ 可可
    □ 饮料
    □ 其他_____
107. 您比较喜欢以下哪种口味?(可选三项)
    □ 果味
    □ 原味
    □ 辛辣
    □ 奶酪
    □ 香草
    □ 可可
    □ 肉类

☐ 海味
☐ 其他_____

108. 您更关注以下哪个关键词,请由关注度高至低进行排序_____
☐ 食品的质量与安全
☐ 精美的包装
☐ 合理的价格
☐ 味道纯正
☐ 功能效果

109. 以下哪种因素会促使您购买从未买过的食品?
☐ 广告
☐ 包装
☐ 味道
☐ 好奇心
☐ 他人推荐
☐ 合理的价格
☐ 其他_____

110. 您认为地方品牌的零食小吃的合理价格是多少?
☐ 10—20 元
☐ 20—30 元
☐ 30—50 元
☐ 高于 50 元(这得看是什么东西吧……)

111. 你觉得小吃能给您提供哪种帮助?
☐ 补充营养
☐ 代替正餐
☐ 糖尿病代餐

112. 你倾向选择以下哪个?
☐ 无热量的零食
☐ 低热量的零食
☐ 高热量的零食

♯无热量的零食是指,需要用那些比食物本身包含的热量更多的热量来消化的食物。
♯低热量的零食是一种每天有着非常低或者有着极其低热量消耗的零食。
请根据 112 题您的选项,来选择为您特别准备的第一、二、三部分
第一部分:无热量零食

201. 一般来说,每天您吃多少次无热量的零食?
☐ 1 次　☐ 2 次　☐ 3 次　☐ 大于等于 4 次

202. 您能接受脱水食品吗?
☐ 能　☐ 不能

203. 您现在是否处于节食状态?
☐ 有　☐ 没有

204. 你认为什么是健康?(最多选三项)

☐ 身材好
☐ 精力充沛
☐ 睡眠好
☐ 肌肉发达
☐ 不容易生病
☐ 牙齿干净,无出血
☐ 头发有光泽

205. 您每周在零食上消费多少钱?
☐ 10—30 元
☐ 30—50 元
☐ 50—70 元
☐ 70—90 元
☐ 大于等于 100 元

第二部分:低热量的零食

301. 一般来说,您每天吃几次低热量的零食?
☐ 1 次 ☐ 2 次 ☐ 3 次 ☐ 大于等于 4 次

302. 无糖零食和木糖醇零食之中,您会选择哪个?
☐ 无糖 ☐ 木糖醇

303. 请选出四种您最喜欢的零食:
☐ 豆浆
☐ 低脂酸奶
☐ 豆制食品
☐ 水果
☐ 海产品
☐ 全麦点心
☐ 低热量饼干
☐ 鲜榨果汁
☐ 纳豆
☐ 麻酱面
☐ 八宝饭
☐ 坚果

304. 您如何看待健康?(最多选三个)
☐ 身材好
☐ 精力充沛
☐ 睡眠好
☐ 肌肉发达
☐ 不怕冷且不易生病
☐ 牙齿干净,无出血
☐ 头发有光泽

305. 您会因为控制体重而选择低热量的零食吗?

项目六 调查市场营销因素

☐ 会
☐ 不会。请注明理由 _____

306. 您花多少钱在零食上?
☐ 10—30 元
☐ 30—50 元
☐ 50—70 元
☐ 70—90 元
☐ 大于等于 100 元

307. 您一般选择在什么时间吃零食?
☐ 学习
☐ 工作
☐ 休息
☐ 看电视、电影
☐ 散步

308. 您选择在工作的时候吃零食是因为以下哪种原因?
☐ 释放压力
☐ 为工作得到放松和准备
☐ 满足贪吃的欲望
☐ 其他 _____

309. 在同类产品中,您选择知名品牌的原因是?
☐ 品牌形象
☐ 通过他人的推荐
☐ 通过网络的推荐

310. 一种新的零食即将上市,你认为最重要的是什么?(最多选 2 个)
☐ 价格
☐ 味道
☐ 包装
☐ 净重
☐ 保质期
☐ 品牌

第三部分:高热量零食

401. 您通常吃什么?
☐ 巧克力
☐ 奶酪
☐ 糖果
☐ 曲奇和饼干
☐ 油炸食品
☐ 其他 _____

402. 您每周消费多少钱在零食上?
☐ 10—30 元

☐ 30—50 元
☐ 50—70 元
☐ 70—90 元
☐ 大于等于 100 元

403. 您是如何看待健康的？（至多选三个）
☐ 身材好
☐ 精力充沛
☐ 睡眠好
☐ 肌肉发达
☐ 不怕冷且不易生病
☐ 牙齿干净,无出血
☐ 头发有光泽

404. 您在相似的产品中如何选择品牌？
☐ 品牌形象
☐ 通过他人的推荐
☐ 通过网络的推荐

405. 您什么时候吃零食？
☐ 学习时
☐ 工作时
☐ 休息时
☐ 看电视、电影
☐ 散步时

406. 您最喜爱的零食牌子是哪个？
☐ 百事
☐ 卡夫
☐ 康师傅
☐ 统一
☐ 洽洽
☐ 上好佳
☐ 来伊份
☐ 其他_____

501. 受访者性别：
☐ 男　☐ 女

502. 受访者年龄：
☐ 小于 20 岁
☐ 20—25 岁
☐ 25—30 岁
☐ 35—40 岁
☐ 40 以上

503. 你现在的职业是？

☐ 大学生
☐ 白领
☐ 公务员
☐ 劳动工人
☐ 企业主管
☐ 其他_____

最后感谢您的参与！！

五、调查结果

1. 对三类零食的认知度较低

通过本次问卷的 112 题,我们从 30 份问卷中分析得出,有三分之二的人愿意在今后选择低卡路里或负卡路里(零卡路里)零食。而通过随机调查得知,30 人中有 10 人不了解低卡或负卡零食的种类或概念。

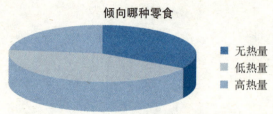

图 6-5　消费人群的零食选择倾向

2. 对零食价格的认可度

通过 110 题、205 题、306 题和 402 题可得出我们所选定的消费人群对独立包装、散装和土特产三种零食的价格认可度。

图 6-6 显示的是消费人群对土特产类零食,即地方品牌零食的价格认可度。90% 的受访者选择了 10—30 元这一区间。而只有 10% 的人选择了 30—50 区间。

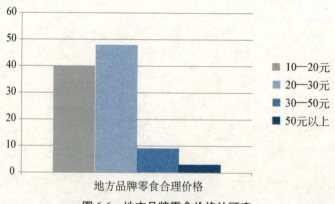

图 6-6　地方品牌零食价格认可度

而由于本次问卷选择高卡零食、低卡零食和负卡零食的消费者每周在零食消费上进行了区分,而更多人选择了低卡,故调查结果只显示低卡消费习惯和总体消费程度。而据图所示,有 41% 的人每周零食消费在 100 元以上,49% 零食消费为 50—90 元。所以,在零食价格的认可度上来看,消费者在每周消费60—80元是完全能接受的。

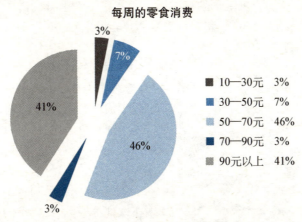

图6-7　消费人群每周的零食消费金额

3. 个人基本情况和零食偏好的内在联系

此次抽样人群为:20—25岁占85%,有66%的人为白领一族。受访者人群中,女性占60%。从本次试题中可以分析得出,女性比男性更看重食品的口感。在选择购买地点时,选择网购的绝大多数为女性。而在选择网购优势时,选择"在超市很少有卖"有75%的女性,其中有60%的人在上一题选择了网购。不难分析得出,女性是低卡零食消费的主要受众群体,且消费时更注重口味,选择网购的原因是由于超市很少有卖,更突出了另一层引申意义:即零食的时尚感,"不俗的美味才是王道"。而男性在选择口味时,更多选择的是辛辣和可可味。这说明在现今压力较大的工作中,男性更需要能提供能量和营养的零食,且有可能用零食来替代正餐。这正说明白领男性是高卡零食的潜在受众群体。

休闲食品营销组合策略主要调查结论

思考:
1. 根据此调查结论,可以看出进行了哪些方面的市场调查?
2. 根据该市场调查结论,该公司可以进行哪些市场营销因素的策略调整?
3. 该市场调查结论对你有何启示?

根据数讯公司的市场调查结果,得出以下主要结论:

一、行业或竞争概况

根据《中国统计年鉴》显示,休闲食品消费增长速度很快。近年来我国休闲食品市场规模呈几何级的速度增长,高出食品市场平均增长率20个百分点,在中国食品市场的地位日益重要。

目前中国休闲食品销量在200—300亿元左右,未来几年估计每年增幅在15%左右。据近年市场调查,休闲食品在主要超市、重点商场食品经营比重中已占到10%以上,名列第一,销售额已占到 5% 以上,名列第三。调查显示,烘焙食品已成为休闲类食品的主流,并且随着食品科技的不断发展,休闲类烘焙食品在市场上仍具备不断上升的潜力。产品门类日趋多样化,新品不断问世,健康化、时尚化、差异化趋势明显,功能营养型休闲食品的市场占有率和销量呈不断上升走势。

图 6-8 休闲食品消费地域差异明显

休闲食品消费结构中存在着明显的地域差异,这对休闲食品的产品开发、营销、品牌塑造等过程形成非常直接的影响。所以我们在各自领域内必须充分考虑到这种地域差异,并积极主动地加以分析、处理,才能真正形成"消费者导向"的现代营销整体思想。

此外,休闲食品消费结构中的地域差异还体现在饮食偏好上,最典型的莫过于口味差异。不同地区消费者的风味习惯往往不同。这要求休闲食品企业必须针对特定消费者的风味习惯来制定产品战略。这些口味差异为休闲食品的市场开发提出了更高要求,也需要产品开发人员和市场营销人员事先掌握重点市场的饮食喜好,有针对性地开发和宣传适合目标市场饮食习惯的产品。

随着近年的发展,市场强势品牌已彰显领导优势,一些品牌在产品质量、价格等方面均领先于其他品牌。但同时也应该看到,目前的休闲食品市场尚未出现绝对的领导品牌,而是呈现出"领头羊+紧随者+拾遗补缺者"的割据态势。这就为中小企业争夺市场份额提供了可能性和必然性。

二、产品策略

1. 针对目标市场的需求开发新品

不断推出新产品,是休闲食品企业的常态,但纵观整个休闲食品市场,虽然每年有成百上千的新品涌入,但真正存活下来的却是凤毛麟角。最主要原因在于,许多企业还存在生产导向误区,而不是去调查消费者想要的是什么。

2. "引申"出来的休闲食品的品牌形象

休闲食品的品牌形象:"就是因为好看!"

调查显示,高中及本科以上学历,18—24 岁的年轻女性是引导时尚食品消费的主流群体,她们在购买食品时喜欢购买更为时尚的品牌。捷思市场研究及顾问有限公司《巧克力与零食研究报告》显示,在喜爱的品牌方面,男性和女性都更信任知名度高、有信誉的大品牌。女性则更青睐广告播放率高的品牌,如太平、达能等。相关调查结果都在表明一个事实,即休闲食品品牌也是有个性的,更是有独特形象。从休闲食品品牌形象塑造过程来讲,可以分成两个层面:一是内在层面,即品牌核心价值、品牌个性、品牌个性形象等。这些要素是品牌外在形象的内在支撑,它们决定着消费者对品牌或产品的印象或评价;二是品牌外在层面,即直观的视听觉线索,包括品牌名字、品牌口号、品牌标志、品牌象征物、品牌色彩、品牌歌曲、品牌故事等。品牌形象的塑造脉络就是从内在层面的指引开始,在其发散之下,由核心价值推及品牌个性、品牌个性形象,再进而形成品牌名字、品牌口号、品牌标志、品牌象征物、品牌色彩、品牌歌曲、品牌故事。在此过程中,产品终端展示位置、产品广告、品牌包装等则发挥着消费者与品牌内在层面的桥梁作用。此外,整合营销传播过程也在把各种品牌信息整合成一个独特、统一的"声音"传递给消费者,从而使其留下一个深刻的品牌形象。

3. "就是给你的!"对目标群体的重重锁定是产品策略的关键

少年儿童和年轻女性是目前休闲食品的主流消费人群。按消费需求细分,休闲食品可以分为基本型、风味型、营养型、价值型、享受型等,不同品类的产品,不同价位的产品所针对的目标消费人群会存在明显的差异。

从市场环节来看,简单便捷的购买过程也将成为消费者的未来追求,从而成为食品工业企业占据市场的一个"制胜法宝"。近年来,随着市民生活质量提升,他们对于不同终端之间的价格差异承受能力已明显增强。同时,随着互联网等现代技术的发展,网络购物、电视购物等形式未来可能将延伸至食品行业,成为消费者购买的一种手段。总而言之,如何使消费者最便捷地购买到偏好的休闲食品,并在购买过程中更深刻地体会到该产品或品牌的优点,就成为休闲食品企业与消费者接触过程中的重要一环。

三、分销策略

1. 直接面对消费者,把消费者的需求及时反馈回企业

分销主要涉及销售渠道和范围,销售渠道包括纵向渠道即渠道的层次或级数,横向渠道即同一渠道成员的数量和质量。选择适宜的销售渠道把产品以最恰当和最经济的方式展现到消费者面前,已是影响到企业成功的关键因素。

2. 降低成本,差别化地分销休闲食品

据调查,目前上海地区购买休闲食品的场所主要是超市及便利店;其次是大卖场、食品店、杂货店等。超市及便利店购买主要是家庭或外出时消费,食品店购买是逛马路、转商店时附带购买或即时消费。另外休闲食品的连锁形式也早已出现,还有互联网的出现也给休闲食品的销售提供了新的机遇。休闲食品企业还可以实行前向一体化,就是通过建立自己的销售公司来直接控制产品的分销系统。这样,不仅能够有效地降低销售费用,更能直接面对消费者,把消费者的需求及时反馈回企业。总之,企业要力争建立符合自己特点的经销网络,尽可能降低成本,差别化地分销休闲食品。

⚓ 实训练习

洗发水广告效果的调查

1. 实训背景

可供企业选择的广告形式有很多,如传统的电视广告、报纸杂志广告、邮寄广告等,也有新兴的网络广告,而广告效果也根据产品特点及广告媒体的不同而不同,广告内容不同则更会影响广告效果。请对某两个洗发水的同一种广告形式的广告效果进行对比,并设计相应的市场调查问卷。

2. 实训组织

第一步:组建实训小组。将教学班学生按每组 6—8 人的标准划分为若干个课题小组,每个小组指定或推选出一名小组长。

第二步:明确实训目的和要求。由指导教师介绍实训的目的和要求,对"广告效果调查"的实践价值给予说明,调查学生实训操作的积极性。

第三步:实施实训操作。每个小组根据市场调查的背景资料及实训要求,调配资源,明确小组成员的任务,设计调查问卷,并制作PPT课件。

第四步:陈述实训结果。集中安排各小组推荐发言人代表本小组,借助PPT课件,向全班陈述本小组的实训结果,接受"质询"。

第五步:教师点评每组实训情况,并由全班进行投票,评选出该次实训的获奖小组,给予表扬和奖励。

3. 实训考核

实训成绩依据学生上课出勤、课堂讨论发言、市场调查目的和内容与调查方法的设计水平、PPT课件制作水平、实训结果陈述水平等进行评定。首先,小组长根据学生出勤、讨论发言等评定出每位成员的个人成绩档次(优秀、良好、中等、及格和不及格);然后,指导教师根据小组提交的市场调查目的、内容和方法的设计结果及PPT,综合评出各小组成绩;最后,根据以下公式计算出每位学生的最终成绩。

个人最终成绩=30%×表6-1中的成绩+70%×表6-2中的成绩

表6-1 小组长评定组内成员成绩表

小组成员姓名	小组成员成绩(分)				
	优秀(90以上)	良好(81—90)	中等(71—80)	及格(60—70)	不及格(60以下)

表6-2 指导教师综合评定每组实训结果成绩表

评价内容	分值(分)	评分(分)
调查问卷准时完成	20	
调查问卷问题设计的合理性	30	
实训PPT的设计质量和效果	30	
实训汇报的表达效果	20	
实训总体评分	100	

项目七
调查市场竞争

学习目标

1. 说出市场竞争和竞争者的含义。
2. 复述市场竞争者的类型。
3. 说出竞争对手调查的主要内容和程序。
4. 列举获取竞争对手信息的渠道。
5. 列举开展市场竞争调查的一般方法。

项目背景

上海韩雪化妆品有限公司为了打开市场、扩大销路,掌握化妆品市场的竞争格局,特委托数讯市场调查公司对国内化妆品行业进行品牌竞争者、主要竞争者营销策略、各化妆品细分市场方面的调查。张颖和文华在此次市场调查中参与了相关竞争者资料的收集工作。

任务热身

1. 什么是竞争者?有哪些类型?
2. 如何开展竞争对手调查?
3. 整理分析市场调查资料的步骤是什么?
4. 市场调查报告的结构包括哪些?

企业建言

"知己知彼,百战不殆",一句老话勾画出了竞争情报研究的重要性。在市场竞争日趋白热化的今天,不了解竞争市场情况,不认识竞争对手,就意味着没有胜算的机会。因此,在许多产品研究和行业研究中,竞争研究是十分重要的。竞争研究的根本目标是通过一切可获得的信息来查清竞争对手的策略,包括产品策略、渠道策略、销售策略、促销策略等,发现其弱势点,帮助企业制定恰如其分的进攻战略,扩大自己的市场份额;另外,对竞争对手优势的部分,需要制定回避策略,以免发生对企业的损害事件。

精选观点 7-1

在激烈的市场竞争中,企业想占领市场并保持持续发展,一方面须重视顾客的需求,重视顾客的研究,并以此为导向,不断创新;另一方面,实施现代市场营销策略必不可少。那么如何准确把握顾客的需求,确定新产品信息;目前实施的营销策略是否有效,如何改进,这一切都较大程度上依赖于有效的市场调查。

知识储备

一、竞争与竞争者的含义

竞争是在资源不能满足需要时,个体或集体间所发生的争夺现象。

竞争者,也称竞争对手,一般是指那些与本企业提供的产品或服务相似,并且所服务的目标顾客也相似的其他企业。同时,有些产品和服务的生产与经营厂家,似乎与本企业不在同一行业、同一产品线、同一经营地域运作,表面上没有竞争关系,但其产品和服务的自然发展,包括横向发展和纵向发展,将可能生产和经营本企业的替代产品和服务,这也是一种竞争关系,这样的企业也是竞争对手。

二、竞争者的类型

企业参与市场竞争,不仅要了解谁是自己的顾客,而且还要弄清谁是自己的竞争对手。从表面上看,识别竞争者是一项非常简单的工作,但是,由于需求的复杂性、层次性、易变性、技术的快速发展和演进、产业的发展使得市场竞争中的企业面临复杂的竞争形势,一个企业可能会被新出现的竞争对手打败,或者由于新技术的出现和需求的变化而被淘汰。企业必须密切关注竞争环境的变化,了解自己的竞争地位及彼此的优劣势,只有知己知彼,方能百战不殆。

我们可以从不同的角度来划分竞争者的类型:

(一) 从行业的角度来划分企业的竞争者

1. 现有厂商

指本行业内现有的与企业生产同样产品的其他厂家,这些厂家是企业的直接竞争者。

2. 潜在加入者

当某一行业前景乐观、有利可图时,会引来新的竞争企业,使该行业增加新的生产能力,并要求重新瓜分市场份额和主要资源。另外,某些多元化经营的大型企业还经常利用其资源优势从一个行业侵入另一个行业。新企业的加入,将可能导致产品价格下降,利润减少。

3. 替代品厂商

与某一产品具有相同功能、能满足同一需求的不同性质的其他产品,属于替代品。随着科学技术的发展,替代品将越来越多,某一行业的所有企业都将面临与生产替代品的其他行业的企业进行竞争。

(二) 从市场方面来划分企业的竞争者

1. 品牌竞争者

企业把同一行业中以相似的价格向相同的顾客提供类似产品或服务的其他企业称为品牌竞争者。如家用空调市场中,生产格力空调、海尔空调、三菱空调等厂家之间的关系。

品牌竞争者之间的产品相互替代性较高,因而竞争非常激烈,各企业均以培养顾客品牌忠诚度作为争夺顾客的重要手段。

2. 行业竞争者

企业把提供同种或同类产品,但规格、型号、款式不同的企业称为行业竞争者。所有同行业的企业之间存在彼此争夺市场的竞争关系。如家用空调与中央空调的厂家、生产高档汽车与生产中档汽车的厂家之间的关系。

3. 需要竞争者

提供不同种类的产品,但满足和实现消费者同种需要的企业称为需要竞争者。如航空公司、铁路客运、长途客运汽车公司都可以满足消费者外出旅行的需要,当火车票价上涨时,乘飞机、坐汽车的旅客就可能增加,相互之间争夺满足消费者的同一需要。

4. 消费竞争者

提供不同产品,满足消费者的不同愿望,但目标消费者相同的企业称为消费竞争者。如很多消费者收入水平提高后,可以把钱用于旅游,也可用于购买汽车,或购置房产,因而这些企业间存在相互争夺消费者购买力的竞争关系,消费支出结构的变化,对企业的竞争有很大影响。

(三) 从企业所处的竞争地位来划分竞争者的类型

1. 市场领导者(leader)

指在某一行业的产品市场上占有最大市场份额的企业。如耐克是运动服饰市场的领导者,宝洁公司是日化用品市场的领导者,可口可乐公司是软饮料市场的领导者等。市场领导者通常在产品开发、价格变动、分销渠道、促销力量等方面处于主宰地位。市场领导者的地位是在竞争中形成的,但不是固定不变的。

2. 市场挑战者(challenger)

指在行业中处于次要地位(第二、三甚至更低地位)的企业。如阿迪达斯是运动服饰市场的挑战者,高露洁是日化用品市场的挑战者,百事可乐是软饮料市场的挑战者等。市场挑战者往往试图通过主动竞争扩大市场份额,提高市场地位。

3. 市场追随者(follower)

指在行业中居于次要地位,并安于次要地位,在战略上追随市场领导者的企业。在现实市场中存在大量的追随者。市场追随者的最主要特点是跟随:在技术方面,它不做新技术的开拓者和率先使用者,而是做学习者和改进者;在营销方面,不做市场培育的开路者,而是搭便车,以减少风险和降低成本。市场追随者通过观察、学习、借鉴、模仿市场领导者的行为,不断提高自身技能,不断发展壮大。

4. 市场补缺者(nichers)

多是行业中相对较弱小的一些中、小企业,它们专注于市场上被大企业忽略的某些细小部分,在这些小市场上通过专业化经营来获取最大限度的收益,在大企业的夹缝中求得生存和发展。市场补缺者通过生产和提供某种具有特色的产品和服务,赢得发展的空间,甚至可能发展成为"小市场中的巨人"。

综上所述,企业应从不同的角度,识别自己的竞争对手,关注竞争形势的变化,以更好地适应和赢得竞争。

小资料 7-1

蒙牛的竞争对手

蒙牛市场竞争品牌主要有液体奶的伊利、光明、完达山,奶粉的雀巢、圣元、美赞臣、多美滋、惠氏、雅培、明治、澳优、伊利,以及冰淇凌产品的伊利。

主要竞争对手为伊利品牌,根据市场分析,受地域经济影响,不同地区对品牌的认知度不同,蒙牛产品拥有大部分的稳定消费者,但因地方品牌的影响以及伊利品牌的扩张,蒙牛应巩固稳定消费者,同时树立牢固的品牌形象,进行商业策划包装,开发新产品,不断创新。随着农村市场的升温,提高在农村市场的知名度,并针对农村消费者开发出新产品。奶粉方面,利用广告资源,抢滩市场,扩大市场份额,在奶粉市场占有一席之地。

精选观点 7-2

竞争者分析是指企业通过某种分析方法识别出竞争对手,并对它们的目标、资源、市场力量和当前战略等要素进行评价。其目的是为了准确判断竞争对手的战略定位和发展方向,并在此基础上预测竞争对手未来的战略,准确评价竞争对手对本组织的战略行为的反应,估计竞争对手在实现可持续竞争优势方面的能力。对竞争对手进行分析是确定组织在行业中战略地位的重要方法。

三、竞争对手调查分析

竞争对手调查分析是一个系统性地对竞争对手进行思考和分析的工具,这一分析的主要目的在于估计竞争对手对本公司的竞争性行动可能采取的战略和反应,从而有效地制定客户自己的战略方向及战略措施。

(一)竞争对手调查框架

在进行竞争对手分析时,需要对那些现在或将来对客户的战略可能产生重大影响的主要竞争对手进行认真分析。这里的竞争对手通常意味着一个比现有直接竞争对手更广的组织群体。在很多情况下是因为客户未能正确识别将来可能出现的竞争对手,才导致了盲点出现。需要评价的竞争对手如下:

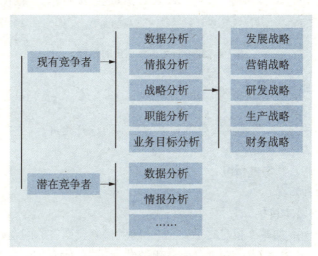

图 7-1 需要评价的竞争对手

小资料 7-2

饮料市场面临的竞争

饮料市场竞争激烈,运动饮料和功能饮料是夏天的流行主角,运动饮料的销售更为火爆。

功能饮料——饮料销售旺季来临之际,各大饮料巨头都意欲在功能饮料市场大显身手:康师傅今年力推的运动饮料"劲跑X"日前在重庆上市,汇源的"他+她"营养素水、娃哈哈的功能型饮料"激活"也都摆上各大货柜,农夫山泉的功能型饮料"尖叫"也销售旺盛。这些饮料巨头都无一例外地宣称,功能饮料除了解渴,还能给人体提供养分及活力。

运动饮料——目前,国内冠以"运动饮料"的产品不少,有"健力宝"、"红牛"、"舒跑"

等。在饮料销售旺季来临之际，各大饮料巨头明里暗里厉兵秣马，意欲在功能饮料市场大显一把身手，以强化其品牌形象。乐百氏名下的"脉动"作为运动饮料的先行者，面对这"山雨欲来风满楼"的景象，自然也不甘落后。

（二）竞争对手调查的主要内容

对竞争对手的市场调查包括竞争对手的如下信息，具体见下图：

基本信息分析	企业背景、发展历史、重要领导人背景、企业规模、组织架构、市场地位等。
产品及价格策略分析	产品线、产品特征、产品主要客户群及特征、市场占有率、产品价格体系、定价策略、物流政策等。
竞争策略分析	企业SWOT分析、主要竞争优势分析、主要竞争对手、发展策略及近期动向等。
营销策略分析	主要目标市场、客户群特征、广告策略、公关策略以及促销策略等。
研发策略分析	研发实力、技术人员数量、研发投入规模、研发方向等。
财务状况分析	注册资本、营业额、利润率、负债率以及其他相关的财务指标等。
渠道研究	渠道体系、渠道模式、渠道管理、渠道开发与维护、渠道价格体系、代理商制度等。
人力资源研究	薪酬福利、奖励政策、激励机制、员工工资制度等。

图 7-2 竞争对手市场调查的内容

（三）竞争对手调查的程序

1. 调查竞争对手基本情况

确定主要竞争对手之后，调查应从竞争对手的基本信息开始进行，主要有以下三个方面：

（1）企业的基本情况；

（2）企业营销战略及其实施情况；

（3）企业日常管理情况。

2. 确认竞争者的基本目标

在识别了主要竞争者的基本信息之后，企业经营者接着应回答的问题是：每个竞争者在市场上寻求什么；什么是竞争者行动的动力。最初经营者推测，所有的竞争者都追求利润最大化，并以此为出发点采取各种行动。但是，这种假设过于简单。不同的企业对长期利益与短期利益各有侧重。有些竞争者更趋向于获得"满意"的利润而不是"最大利润"。尽管有时通过一些其他的战略可能使他们取得更多利润，但它们有自己的利润目标，只要达到既定目标就可以。

也就是说，竞争者虽然无一例外关心其企业的利润，但它们往往并不把利润作为唯一的或首要的目标。在利润目标的背后，竞争者的目标是一系列目标的组合，对这些目标竞争者各有侧重。所以，我们应该了解竞争者对目前盈利的可能性、市场占有率的增长、资金流动、技术领先、服务领先和其他目标所给予的重要性权数。了解了竞争者的这种加权目标组合，我们就可以了解竞争者对目前的财力状况是否满意，他对各种类型的竞争性攻击会做出什么样的反应等等。如一个追求低成本领先的竞争者对于他的竞争对手因技术性突破而使成本降低所做的反应，比对同一位竞争对手增加广告宣传所做出的反应强烈得多。

企业必须跟踪了解竞争者进入新的产品细分市场的目标。若发现竞争者开拓了一个新的细分市场,这对企业来说可能是一个发展机遇;若企业发现竞争者开始进入本公司经营的细分市场,这意味着企业将面临新的竞争与挑战。对于这些市场竞争动态,企业若了如指掌,就可以争取主动,有备无患。

3. 调查竞争者经营管理

(1) 竞争对手市场份额。

竞争对手份额调研内容如下:某一产品地区或全国的消费状况;消费人口的数量;企业在某地区的年销售额;某地区的经济发展水平;消费者的消费观念;这些数据的分析都对研究企业产品的市场占有份额有重要作用。

(2) 调查竞争对手经营活动。

在对竞争对手的产品经营方针进行调研时,应有目的地搜集如下信息:产品范围,产品结构,产品的主要用途,产品的辅助用途,产品的优缺点,产品的质量认证,产品的价格,主要产品的产量,产品近三年有何变化(改进),技术引进及采用新技术情况,新产品研发情况,主要原材料供应商情况,产品包装和运输,竞争对手是否在系统地开发新产品,新产品的开发活动是如何组织的、是否依据产品经营方针策划开发战略,竞争对手要推出的是各种不同的产品还是属同一族的系列产品,竞争对手的产品设计和产品包装有何特点,竞争对手的产品质量方面是否会出现某些变化,产品花色品种和质量水平是会提高增多还是会减少降低等。

获得了这些方面的信息,就可以描绘出一幅竞争对手如何实现产品经营目标和策略的令人信服的图景。

4. 调查竞争对手广告活动

竞争形势调研还必须搜集由竞争对手实施的广告方面的信息。应该分别搜集的这方面信息有:

(1) 竞争对手在各种杂志和报纸上所做宣传广告,是否定期推出,推出的版面有多大,推出的具体内容是什么等等。

(2) 对竞争对手在电视和电台上做的广告进行考察和分析,特别是分析这些广告的内容。

(3) 了解竞争对手的广告播出时间的长短,注意覆盖的大小和播出成本的高低。

(4) 调查竞争对手采用何种广告媒体来实施自己的意图,这些广告媒体之间的作用是否互相协调和适应。

(5) 跟踪观察和分析竞争对手所选择的各种广告媒体组合,如广告牌、广告画、广告信各占多大的广告预算比。

(6) 观察和分析竞争对手用广告去刺激和引导的顾客群体。

(7) 观察和分析竞争对手采取的公关措施。

(8) 竞争对手采取的广告措施的实际效果,并要尽可能获得多一些信息。

5. 调查竞争对手分销方针

在对竞争对手进行调研时,企业必须有目的地搜集竞争对手的分销方针方面的信息,属于这方面的内容有:

(1) 主要的竞争对手对产品分销的重视和依赖程度。

(2) 竞争对手拥有多大市场份额。

(3) 竞争对手实施的分销方针是什么。

(4) 竞争对手注意依靠何种销售渠道,比如对人员销售、通过公司销售、委托专营、代销、中间商包销等,以及有什么促销活动。

(5) 主要竞争对手的分销成本如何。

（6）销售渠道的形象如何。
（7）主要经销商（代理商）的名称、地址、电话、联系人等。
（8）主要经销商（代理商）份额分析。
（10）主要经销商（代理商）销售状况。

利用获得的营销方针信息，应尽可能完整无误地描绘出竞争对手所追求的分销目标和策略的全貌。

6. 调查竞争对手管理信息

在对竞争对手的调研中，至关重要的是要注意搜集竞争对手的管理信息，特别是市场营销管理方面的信息，应能说明竞争对手营销活动的组织和项目实施情况。这方面的重要信息包括：

（1）竞争对手的组织构造，或领导机制。
（2）营销组织类型和成熟程度。
（3）营销活动的领导群体的来源、所受教育程度、掌握经验和经营理念。
（4）掌握竞争对手营销部经理的工作作风，如有温和、互相合作，甚至是好斗型作风。

如果竞争对手的经理换了新人，通常实施市场营销活动的作风也要发生相应变化。所以，关于竞争对手管理层的信息，要不断加以补充和更新。

（四）调查竞争者市场应变能力

1. 迟钝型竞争者

某些竞争企业对市场竞争措施的反应不强烈，行动迟缓。这可能是因为竞争者受到自身在资金、规模、技术等方面的能力的限制，无法做出适当的反应；也可能是因为竞争者对自己的竞争力过于自信，不屑于采取反应行为；还可能是因为竞争者对市场竞争措施重视不够，未能及时捕捉到市场竞争变化的信息。

2. 选择型竞争者

某些竞争企业对不同的市场竞争措施的反应是有区别的。例如，大多数竞争企业对降价这样的价格竞争措施总是反应敏锐，倾向于做出强烈的反应，力求在第一时间采取报复措施进行反击，而对改善服务、增加广告、改进产品、强化促销等非价格竞争措施则不大在意，认为不构成对自己的直接威胁。

3. 强烈反应型竞争者

许多竞争企业对市场竞争因素的变化十分敏感，一旦受到来自竞争挑战就会迅速地做出强烈的市场反应，进行激烈的报复和反击，势必将挑战自己的竞争者置于死地而后快。这种报复措施往往是全面的、致命的，甚至是不计后果的，不达目的决不罢休。这些强烈反应型竞争者通常都是市场上的领先者，具有某些竞争优势。一般企业轻易不敢或不愿挑战其在市场上的权威，尽量避免与其做直接的正面交锋。

4. 不规则型竞争者

这类竞争企业对市场竞争所做出的反应通常是随机的，往往不按规则出牌，使人感到不可捉摸。例如，不规则型竞争者在某些时候可能会对市场竞争的变化做出反应，也可能不做出反应；他们既可能迅速做出反应，也可能反应迟缓；其反应既可能是剧烈的，也可能是柔和的。

小资料7-3

我国移动支付行业竞争格局分析

移动支付是指用户通过手机、智能终端等移动设备,依托移动通信网络或借助智能终端与支付受理终端之间的信息交互技术发起支付指令,实现货币资金转移的行为。

移动支付市场竞争的主要参与者包括电信运营商、银联以及第三方支付机构。随着互联网两大巨头马云、马化腾进军移动支付市场,支付宝和微信支付引领了我国移动支付市场的新天地,也使得整个市场一直处于"二人转"的竞争态势。

现在,随着苹果支付的加入,市场大有"三国演义"的味道。实际上,不仅仅是苹果支付,三星等越来越多竞争者也在加入市场争夺者的行列,使得我国的移动支付市场进入竞争更加激烈的群雄逐鹿时代:继Apple Pay之后,中国工商银行、中国农业银行、中国银行、中国建设银行、交通银行5家银行联合宣布,对个人客户通过手机银行办理的转账、汇款业务,无论跨行还是异地都免收手续费。三星亦宣布Samsung Pay在国内公开测试,蓬勃发展的移动支付正在不断渗透到消费者的各种生活场景中。

据环球科技报道,移动支付的竞争,正在进入线下场景时代。2015年9月15日,易观智库发布的数据显示,2015年第2季度,中国第三方移动支付市场交易规模达3.5万亿元人民币,环比增长率为22.81%。市场总体格局继续保持稳定,支付宝以74.31%的绝对市场占有率牢牢占据市场首位;财付通(微信支付+QQ钱包)位列第二,市场份额为13.18%;拉卡拉为6.33%,排名第三。

易观智库的报告指出,便利店商超、打车出行等小额高频的线下支付场景,正成为各家第三方移动支付公司近段时间发力拓展和争夺的重点。微信与便利店开展"无现金日"的优惠促销活动,而支付宝则更是全面发力,先后接入家乐福、沃尔玛、华润万家、大润发四大超市,还有物美、世纪联华、喜士多、7-11等商超便利店,还接入了肯德基、全聚德、外婆家等各地标杆性餐饮企业甚至大型农贸市场。全新改版的滴滴出行选择接入支付宝;首都机场等全国数个机场也全面接入支付宝。

根据易观智库的数据显示,目前支付宝以1.4亿人的季度活跃人数遥遥领先,几乎是第二到第四位三家的总和;微信支付位列第二,季度活跃人数为9476.8万人;百度钱包和QQ钱包分别以2792.8万人和2452.8万人活跃人数位列第三、四位。易观智库还在报告中分析指出,第三方移动支付公司在通过优惠、补贴等营销手段构建支付场景,增加用户的数量和活跃度之外,已经开始深入大数据挖掘分析及开发相关产品。微信支付借助公众号与连锁店、品牌店合作,通过店铺红包、优惠券的发放、领取、转赠功能,提高用户对微信支付的使用频率,并据此获得用户数据。而支付宝则选择与商超便利店共建会员体系,接入芝麻信用,并投入50亿元扶持口碑商户,帮助入驻平台的店铺提高运营效率,向用户提供更好的服务。

随着移动支付市场竞争的加剧,服务质量将成为决定竞争胜负的重要"砝码"和"武器"。

四、获取竞争对手信息的渠道

对竞争对手的信息进行例行的、细致的、公开的收集是非常重要的基础工作。竞争信息的主要来源包括以下几部分:

年度报告、竞争产品的文献资料。

内部报纸和杂志。这些通常是非常有用的,因为它们记载了许多详细信息,如:重大任命、员工背景、业务单位描述,理念和宗旨的陈述,新产品和服务以及重大战略行动等。

竞争对手的历史。这对了解竞争对手文化、现有战略地位的基本原理以及内部系统和政策的详细信息是有用的。

广告。从此可以了解主题,媒体选择,花费水平和特定战略的时间安排。

行业出版物。这对了解财务和战略公告、产品数据等诸如此类的信息是有用的。

公司官员的论文和演讲。这对于获得内部程序细节、组织的高级管理理念和战略意图是有用的。

销售人员的报告。虽然这些经常带有偏见性,但地区经理的信息报告提供了有关竞争对手、消费者、价格、产品、服务、质量、配送等此类的第一手资料。

顾客。来自顾客的报告可向内部积极索要获得,也可从外部市场调研专家处获得。

供应商。来自供应商的报告对于评价诸如竞争对手投资计划、行动水平和效率等是非常有用的。

专家意见。许多公司通过外部咨询来评价和改变它们的战略。对这些外部专家的了解是有用的,因为他们在解决问题时通常采用一种特定的模式。

证券经纪人报告。这些通常能从竞争对手简报中获得有用的操作性的细节。同样,行业研究也可能提供有关某一竞争对手在特定国家或地区的有用信息。

雇佣的高级顾问。可以雇佣从竞争对手那里退休的管理人员作为自己的咨询人员,有关他们以前雇主的信息可以在要求他们在特定工作领域提供帮助时起到有效的决定性作用。

五、竞争对手分析数据库

对大量收集到的竞争对手资料应建立完善的竞争对手分析数据库,以便充分、及时地使用。应当收集的数据包括以下内容:

竞争对手或潜在竞争对手的名字;每个单位的人员数量和特征;竞争对手组织和业务单位结构的详细情况;产品和服务范围情况,包括相对质量和价格;按顾客和地区细分的市场详情;沟通策略、开支水平、时间安排、媒体选择、促销活动和广告支持等详情;销售和服务组织的详情,包括数量、组织、责任、重要客户需求的特殊程序,小组销售能力和销售人员划分方法;市场(包括重要客户需求的确认与服务)的详情,顾客忠诚度估计和市场形象;有关研发费用、设备、开发主题、特殊技能和特征的详情及地理覆盖区域;重要顾客和供应商的详情。

六、市场竞争的调查方法

市场竞争的调查方法包括资料调查法、神秘顾客法、深度访问法、渠道访问法等。

可通过如下途径进行市场竞争的调查(见图7-3)。

七、整理市场调查资料与撰写市场调查报告

(一)整理市场调查资料

市场调查资料整理是根据市场分析研究的需要,对市场调查获得的大量的原始资料进行审核、分组、汇总、列表,或对二手资料进行再加工的工作过程。其任务在于使市场调查资料综

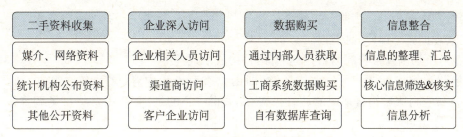

图 7-3 市场竞争调查的途径

合化、系列化、层次化,为揭示和描述调查现象的特征、问题和原因提供初步加工的信息,为进一步的分析研究准备数据。

调查资料整理的步骤如图 7-4:

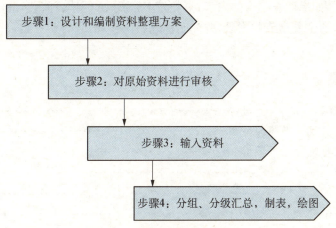

图 7-4 调查资料整理的步骤

(二)撰写市场调查报告

市场调查报告是通过各种调查方法,全面系统地收集商品生产、供求等市场情况资料,经过综合、整理、分析、研究,用书面形式表现出来的符合客观事物发展规律的调查结果。

> **精选观点 7-3**
>
> 企业在市场竞争中要想明确自身所处的位置,就要做市场调查,从市场调查报告中获取准确的信息。企业领导层在考虑开发新产品,决定产品的生产数量、品种、花色时也要先做市场调查。有了市场调查报告提供的准确数据、科学合理的分析,企业才能保证决策正确,才能找准位置,认清自身不足,扬长避短,寻求资源的最佳配置,以达到实现高利润的目的。

市场调查报告的格式一般是由:题目、目录、概要、正文、结论和建议、附件等几部分组成。

1. 题目

题目包括市场调查题目、报告日期、委托方、调查方,一般应打印在扉页上。

关于题目,一般是通过标题把被调查单位、调查内容明确而具体地表示出来,如《关于北京市居民收支、消费及储蓄情况调查》。有的调查报告还采用正、副标题形式,一般正标题表达调查的主题,副标题则具体表明调查的单位和问题。如《"上帝"眼中的〈北京青年报〉——〈北京青年报〉读者调查总体研究报告》。

标题是市场调查报告的题目,一般有两种构成形式:

市场调查报告标题——公文式标题,即由调查对象和内容、文种名称组成,例如《关于2002年全省农村服装销售情况的调查报告》。值得注意的是,实践中常将市场调查报告简化为"调查",也是可以的。

市场调查报告标题——文章式标题,即用概括的语言形式直接交待调查的内容或主题,例如《全省城镇居民潜在购买力动向》。实践中,这种类型市场调查报告的标题多采用双题(正副题)的结构形式,更为引人注目,富有吸引力。例如《竞争在今天,希望在明天——全国洗衣机用户问卷调查分析报告》、《市场在哪里——天津地区三峰轻型客车用户调查》等。

2. 目录

提交调查报告,如果调查报告的内容、页数较多,为了方便读者阅读,应当使用目录或索引形式列出报告所分的主要章节和附录,并注明标题、有关章节号码及页码,一般来说,目录的篇幅不宜超过一页。

例如:

目录

一、调查与组织实施	1
二、调查对象构成情况简介	8
三、调查的主要统计结果简介	14
四、综合分析	20
五、数据资料汇总表	28
六、附录	29

3. 概要

概要主要阐述课题的基本情况,它是按照市场调查课题的顺序将问题展开,并阐述对调查的原始资料进行选择、评价、做出结论、提出建议的原则等。

主要包括四方面内容:

第一,简要说明调查目的。即简要地说明调查的由来和委托调查的原因。

第二,介绍调查对象和调查内容,包括调查时间、地点、对象、范围、调查要点及所要解答的问题。

第三,简要介绍调查研究的方法。例如,某调查工作技术报告"执行情况"部分如下:

本次抽样采用二阶段抽样方法,根据第四次人口普查数据,在第一阶段中使用PPS抽样方法从××地区随机抽出20个居委会,第二阶段从每个居委会中使用SRS方法随机抽出50个居民户。抽样置信度5%。

抽样及入户调查由国际公认的调查网认证通过。

问卷设计与后期数据处理及技术分析报告由××××技术公司完成。抽样与入户调查由×××××城调查队负责完成。调查进行日期从201×年×月×日至×日。

问卷设计为封闭式,共81个问题。入户调查采用调查员询问代填方式。问卷总数1001份,收回997份。

抽样基本情况:

抽样的男女比例与总体一致,年龄分布呈正态分布;被调查所占比例最多的行业为国营企业、事业单位以及政府机关;所有的被调查者中有84.45%的享受公费医疗;被调查者中39%的人收入在××××元至××××元之间,45%的人收入在××××元至××××元之间,文化程度大专以上文凭有关。79.7%的人均已婚并有小孩。

第四,基本结论和核心观点。

4. 正文

正文是市场调查分析报告的主要部分。正文部分必须准确阐明全部有关论据,包括问题的提出到引出的结论,论证的全部过程,分析研究问题的方法。还应当有可供市场活动的决策者进行独立思考的全部调查结果和必要的市场信息,以及对这些情况和内容的分析、评论。

5. 结论和建议

结论和建议是撰写综合的分析报告的主要目的。这部分包括对引言和正文部分所提出的主要内容的总结,提出如何利用已证明和正文部分所提出的主要内容的总结,提出如何利用已证明为有效的措施和解决某一具体问题可供选择的方案与建议。结论和建议与正文部分的论述要紧密对应,不可以提出无论据的结论,也不要没有结论性意见的论证。

6. 附件

附件是指调查报告正文包含不了或没有提及,但与正文有关必须附加说明的部分。它是对正文报告的补充或更详尽的说明。

实战体验

国内化妆品行业的市场竞争调查报告

图7-5 化妆品行业的市场竞争调查

一、调研背景

随着人们的生活水平不断提高,化妆品市场也得以迅猛发展。1987年我国化妆品市场的销售额仅为10多亿元,近30年增加了近100多倍,达到千亿以上的年销售额。化妆品市场越来越壮大。上海韩雪化妆品有限公司为了解化妆品行业的竞争状况,特进行此次市场调查。

二、调研目的

本次市场调查工作主要目的是:
(1) 了解中国化妆品市场竞争现状。
(2) 了解消费者状况和消费者心态。

三、调研内容(略)

四、调研方式和方法

此次调研是采用网上收集二手资料调研,深度访问法。

五、其他(略)

六、国内化妆品市场竞争分析

化妆品行业在我国国民经济中是发展最快的行业之一。它经历了从无到有,从小到大的巨大变化。从1987年到2000年,化妆品行业产值的年均增长率达到18%左右。

(一) 分析品牌竞争状况

1. 目前我国化妆品市场上,国际化妆品企业的主要品牌

(1) 欧莱雅集团:"巴黎欧莱雅、美宝莲、卡尼尔、兰蔻、碧欧泉、赫莲娜、薇姿、理肤泉、欧莱雅专业美发、卡诗"等。

(2) 宝洁公司:"玉兰油、SK-Ⅱ、飘柔、海飞丝、潘婷、沙宣、润妍、伊卡露"等。

(3) 联合利华:"夏士莲、力士、旁氏"等。

(4) 法国LVMH集团:"迪奥、CD、纪梵希"等。

(5) 意大利的"范思哲"。

(6) 丝宝公司:"丽花丝宝、舒蕾、洁婷、美涛、柏兰、风影"等。

(7) 资生堂的"欧珀莱、资生堂"。

(8) 雅芳化妆品公司:"雅芳"。

(9) 玫琳凯化妆品公司的玫琳凯。

2. 中国本土化妆品企业的主要品牌

(1) 上海家化:"六神、清妃、美加净、佰草集、COCOOL、高夫、梦巴黎"。

(2) 北京三露厂:"大宝"。

(3) 上海自然堂:"自然堂、东方元素"。

(二) 分析各化妆品营销策略

国外化妆品的营销策略是自我销售,如直销、邮购销售、电话销售、电视销售等。其中直销的规模比较大。雅芳于1886年创建于美国纽约,至今已有114年历史。年销售额45亿美元,在125个国家销售近16000种不同的产品。雅芳一直采用直销方法。这种销售的关键是调动推销人员的积极性,一般根据销售收入高低得到相应报酬;定期组织推销竞赛,成绩优异者可以得到各种奖励。在营销策略方面,欧美品牌中有许多企业常常采用让利、打折、赠送礼品等方式吸引顾客。但也有一些公司例外,实行产品统一价,任何时候都不打折。目前世界名牌化妆品公司已开始起用网络营销。

品牌专卖店规模较小,目前比较著名的只有上海家化开发的"佰草集"系列产品。

欧莱雅公司旗下的薇姿(Vichy)品牌是世界第一个进入药房销售的化妆品。

直销自1990年进入我国,发展很快,但由于国内这方面立法滞后,在发展的过程中出现很多问题,于1998年被全面禁止。2001年我国加入WTO后,就直销立法成为我国须遵循的入世承诺之一,一些以直销为主要经营渠道的外商重获生机,如安利公司的产品。

上海家化股票成功上市后,将募集资金的20%投向了销售公司的建设。目前上海家化产品的50%由公司所属经营部直接销售给最终消费者;另外50%通过批发形式销售给直供商,由直供商通过其他销售渠道进行销售。

(三) 分析化妆品各细分市场

1. 我国化妆品行业正处于从成长期向成熟期过渡的发展阶段

我国化妆品行业,经历了产品同质、无差别、缺少名牌产品和有影响力的企业的幼稚期发展阶段后,随着加入 WTO,国外名牌产品和国际跨国公司大量涌入中国,化妆品出现高、中、低档产品,同种产品,不同质,出现了产品之间的差异性,使我国化妆品业行业很快进入了高速成长期阶段。目前该行业产值增长率逐渐下降,部分化妆品市场已经基本饱和,名牌产品的市场占有率基本稳定,说明该行业已经进入成长期后期,很快将进入成熟期发展阶段。

2. 我国化妆品各细分市场分析结论

(1)清洁、滋润化妆品是我国发展较早的化妆品,市场已经基本饱和,主要生产厂家在市场中相对稳定,产品竞争已经是以品牌的竞争为主,产品的分类更加细化。该类产品已经处在成长期的后期,部分产品已经进入了成熟期。

(2)美化化妆品市场上,除了一些国际品牌产品的市场销售比较稳定外,我国本土化生产企业的产品质量还普遍比较低,名牌产品非常少,今后随着人们生活水平的提高,对美化化妆品的需求还会逐渐加大,美化化妆品正处在成长期发展阶段。

(3)因特殊用途的化妆品,在技术上要求比较高,同时又要接受特殊的审批程序,所以它的发展相对比较慢。目前该类产品的品种较少,产量较低,新产品开发风险相对比较大,因此该类产品目前还处在幼稚期发展阶段。

案例分析

案例一 "脉动"饮料市场竞争状况分析

思考:

1. "脉动"有哪些类型的竞争者?
2. 饮料市场的竞争状况调查分析对"脉动"的经营有何意义?

中国的功能饮料要从"健力宝"说起,由于是 1994 年洛杉矶奥运会中国体育代表团专用饮料,被称为"中国魔水"。但没有出现持续性发展,在成名后不久运动队和运动人群就开始远离了它。在"健力宝"之后出现的运动饮料有维力、沙维康、西番莲等,都是昙花一现。

一、竞争对手"红牛"的分析

接下来是起源于泰国的功能饮料品牌"红牛",1995 年"红牛"开始进入中国,将其定位为能量饮料。"红牛"在国内饮料高端产品中有着非常高的品牌知名度,也拥有了较稳定的消费群体。但它的发展脚步却一直异常缓慢,单一产品,不变的广告宣传。更突出的是产品功效,其广告语更是十年如一日地说:"累了、困了喝红牛。""红牛"的定位是:

1. 功能定位

一直以来红牛都把它的消费群定位在 15—35 岁的容易疲劳、需要补充能量的职业人士和大中学生,特别是运动族、驾车族和上班族。这在无形中固定了市场覆盖面,拒其他年龄段、有其他补充需要的消费者于门外。

2. 包装定位

红牛的包装设计是非常有特点的,既有中国特色,又能充分体现产品特点。可是再好的东西多少年不变,看多了也会倒人胃口。何况当今社会,变是主导潮流,新、奇、特是人们,尤其是年轻人追求的目标。外观赏心悦目又便于携带,会更刺激人们的购买欲望。

3. 价格定位

红牛一直奉行的是优质高价的策略,250毫升的容量售价高达6.5元。它的高品质也能被大众所认同,但过高的价格却是不能被平民消费者所接受的。

二、竞争对手"激活"的分析

娃哈哈的"激活"完全跟随"脉动",无论从其瓶型、口味还是产品卖点都没有新意。唯一的优势是娃哈哈的健全的经销网络和较强的执行能力。娃哈哈在全国拥有一千多家经销商,"激活"作为活性维生素水,其终端售价一般在3元/瓶左右,这个价格在二、三级市场是不被接受的。但是娃哈哈的运作能力比较强,选择著名歌手王力宏做代言人,打出的广告语是:"激发潜能,活力无限。"在品牌推广和促销上,"激活"的力度也非常大,对"脉动"造成威胁。

三、竞争对手汇源"他+她-"水分析

汇源"他+她-"水是中国第一个提出饮料分男女的概念,目标市场是15—35岁的心理年龄段人群,主要是高中生和大学生。从其包装来看更突出的是个性张扬、浪漫、刺激和新鲜。其广告别具匠心地选择了陈坤和赵琳。

四、竞争对手康师傅的"劲跑X"分析

康师傅的"劲跑X"定位为补充型运动饮料,瓶型底部有一个收缩,方便消费者拿取。容量为500 ml,终端售价2.5元,更适合运动人群。"劲跑X"补充型运动饮料除了可以补充人体所损失的大量水分、盐分和电解质等外,还可以同时补充身体在运动时所需的营养成分,是目前运动饮料的升级版。"劲跑"从名称上看就有一种运动的感觉,而且其广告的创意也是在起跑线上跃跃欲试的运动员。

五、"脉动"分析

在这些国内功能饮料品牌中,乐百氏的"脉动"是最先推出的。饮料是一个快速消费品,定位可以是一个贵族形象,但是不能以奢侈品形象来定位,因为饮料首先是用来解渴的。"脉动"在为产品定位时就注意到了这一点。采取的是双层次定位,首先是饮料,然后才是功能饮料。它具有饮料解渴的特点,在解渴的同时还具有健康功能,随时为人体补充流失的维生素养分,而且在原有功能上赋予了产品新概念。这样从产品定位上就避免了与"红牛"功能定位的冲突,从而扩大了目标市场和消费人群。

"脉动"的目标市场是:沉静、具有大胆的创新思维和开拓精神,对生活充满热情的18—35的年轻人和白领阶层。这一部分人群的特点是:生活节奏快、具有积极向上的生活态度、有自主意识、知性、懂得生活和经营生活,并随时准备迎接挑战。其代言人的选择也是特别突出这一特点。而且"脉动"给人的整体印象是相对沉静、稳重成熟的,深蓝色的休闲包装与之相对称。

图7-6 脉动饮料

案例二　关于在同济大学周边开设"馨怡书吧"的市场调查报告

思考：
1. 市场调查报告由哪几个部分组成？
2. 该市场调查报告的标题是哪种形式？
3. 该调查问卷是否符合问卷设计的原则？
4. 该市场调查报告是根据什么得出调查结论的？

张颖和文华所在的项目一组为"馨怡"公司做了"关于在同济大学周边开设音乐书吧的市场调查"后，最终形成了如下的市场调查报告：

目录

一、调查背景及目的 …………………………………………………………………	1
二、调研对象 …………………………………………………………………………	2
三、调查内容 …………………………………………………………………………	2
四、调研方法 …………………………………………………………………………	2
五、调查区域 …………………………………………………………………………	2
六、调查人员和时间 …………………………………………………………………	2
七、调查数据统计与分析 ……………………………………………………………	3
八、市场分析与展望 …………………………………………………………………	3
九、调查结论 …………………………………………………………………………	4
附件："馨怡书吧"市场调查问卷及数据分析 ……………………………………	5

一、调查背景及目的

身处上海这个繁华的国际性大都市，不论你是每天来往于办公室和家庭之间的繁忙而单调的公司白领，还是每天往返于四平路校区与嘉定校区之间的同济大学老师；也不论你是从天南海北来到同济培训学习的各界人士，还是每天重复教室、图书馆、食堂、寝室四点一线的同济大学学生，大家感同身受的是快节奏与高强度的工作学习压力。在每天繁忙的工作学习之余，人们都希望有一处安静、温馨、休闲的场所，暂时远离城市的喧嚣，来一杯香浓的咖啡或者茶点细细品味，选一本喜欢的书或杂志翻翻，欣赏飘荡在空气中轻快的音乐，和朋友闲聊聚会……但是很多人在自己居住的地方，却很难发现这种店的踪影。于是，书吧应运而生，迎合了这些人独特的需求，成为近些年在大城市流行起来的一种读书场所。

音乐书吧是一个集图书馆、书店、饮品店的优点于一身的休闲场所，人们可以在喝茶、喝咖啡、聊天的时候翻翻时尚杂志或流行小说，在舒缓的音乐中，忘记工作的疲劳和学习的压力，放松身心，同时也是师生交流、朋友聚会的好地方。据初步了解，在上海同济大学及其周边能提供给具有一定消费能力的文化爱好人士这样一个集读书、休闲、娱乐功能于一体的地方很少。因此，我们小组选择进入该行业，特针对同济大学校园周边（赤峰路、四平路、彰武路）区域，进行开设音乐书吧的市场调查，并进行投资可行性分析与营销方案策划。

二、调研对象

此次调查的对象主要面向同济大学的老师、前来同济大学参加各种培训和学术交流的社会各界人士,以及部分有一定消费能力的学生(包括留学生、研究生及本科生)。

三、调查内容

(1) 调查上海现有书吧的业态现状;
(2) 调查书吧市场的消费者构成、消费行为表现和特征;
(3) 了解调研对象对书吧的认知和接受程度;
(4) 调查音乐书吧在同济大学周边的市场需求;
(5) 调查竞争对手及产品的市场运作状况;
(6) 了解调研对象对于书吧内部环境和服务内容的要求;
(7) 了解调研对象希望书吧提供的服务价格。

四、调研方法

(1) 问卷调查法:设计问卷,搜集资料;
(2) 访谈法:访问一部分消费者和书吧及书店的经营者;
(3) 观察法:到同济大学内及周边的主要竞争对手门店实地观察;
(4) 二手资料收集法:从互联网、各种报纸杂志、文献书籍中收集资料。

五、调查区域

主要为上海杨浦区同济大学四平路校区校园内及周边。

六、调查人员和时间

1. 调查人员

在专业导师王奕俊和师慧丽老师的带领下,本次调研全程由团队人员共同开展及完成,成员名单如下:

组长:胡丽萍。
组员:冯海莉、张杰、杨超、张茜、刘强。

2. 调查时间

20××年12月12日至14日计划筹备阶段;
20××年12月15日至17日调查访问阶段;
20××年12月18日至20日数据处理、分析阶段;
20××年12月21日至22日报告形成阶段。

七、调查数据统计与分析

1. 调研对象及样本量

调研对象:主要为上海杨浦区赤峰路同济大学职业技术学院和白玉兰宾馆(一个月以上长期客人)培训及学术交流人士、留学生院留学生、长期客人、同济在校就读的研究生及本科生。

问卷调查法:随机抽出280个样本量。如下表:

表 7-1 样本量表

同济职业技术学院及白玉兰宾馆	留学生院	同济大学教师	研究生及本科生
100 位	100 位	30 位	各 25 位

2. 调查数据分析

我们对所得到的各种数据、资料进行分析整理,并得出分析结果(见附件)。

八、市场分析与展望

通过以上数据分析可以看出,书吧是一个极具开发价值的市场。

首先,现代化的生活方式节奏太快,忙碌的脚步总停不下来,物质年代有着太多的诱惑,占去了人们宝贵的时间和金钱。人们没有太多的时间静坐于书房,没有太多的空闲游走于图书馆的高高书架间,有时甚至连在书店里花半天挑一本称心如意的好书的精力都没有。而近几年来图书的价格节节高升,爱书之人纵然不是囊中羞涩,面对动辄数十甚至百元一本的书籍,尤其是一些时尚和旅游地理杂志,购买前也不得不掂量犹豫一番。

其次,现存主要娱乐消费有两类:KTV 和酒吧,这些都跟文化不太相关。在上海这个大都市里,随着社会的进步,有经济条件但素质较高的白领以及高校大学生一族较多,他们已不满足仅停留在吃吃喝喝的阶段,因此目前的休闲方式已不能满足这一阶层对文化内涵的追求和需要。在某个慵懒的午后,带上一本好书,觅个幽静之地,捧着一杯咖啡或香茗,静下心来享受文字。书吧比图书馆有着更舒适自在的环境,无须正襟危坐,可以静心读书,可以低声交谈,享受着读书和休闲的双重乐趣。

可见,书吧既满足了消费者的文化需求,又为其提供了一个休闲娱乐的场所,有非常广阔的市场发展前景。

九、调查结论

通过此次问卷调查和数据分析,我们可以得出如下调查结论:

(1) 馨怡书吧的市场定位人群符合我们的设想;

(2) 消费者通过各种渠道对书吧有了一定的认知度,有部分人已经成为书吧现实的消费群体。但还需要我们通过派发宣传资料、张贴海报、人员推销、投入广告等方式加强宣传,进一步吸引消费者;

(3) 消费者去书吧消费的主要目的还是会友聊天和读书、休息,同时他们很注重书吧安静优雅的读书环境,同时书吧兼有简约自然和温馨浪漫的装修风格;

(4) 他们不仅希望书吧能够以中档消费的价格提供良好的服务,所阅读书籍最好是书店或图书馆不能提供的书籍,而且希望书吧能够提供精致的甜品、可口的饮料、舒适的音乐、无线网络以及租书购书等服务。

以上调查结论,将有助于我们制定针对性的营销策划方案和营销组合策略,并加以实施。具体的调查问卷及数据分析,见附件。

附件:"馨怡书吧"市场调查问卷及数据分析

您好!我们是参加同济大学市场营销专业国家级培训的教师,正在做一个关于新型书吧的市场调查,为了更好地了解市场现状,需要您的协助,希望您抽出宝贵时间参与此次调查活动,我们对此不胜感激!

1. 您的性别是?(　　)
　A. 男　　　　　　　　　　　　B. 女
2. 您的职业是?(　　)
　A. 学生　　　　B. 教师　　　　C. 白领　　　　D. 其他

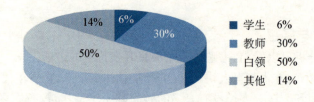

图 7-7　被调查者职业分布比例图

通过数据分析(见图 7-7),我们发现,80%的被调查者的职业是教师或者白领,基本符合我们预想的目标消费人群。

3. 您喜欢在业余时间看图书和电子书吗?(　　)
　A. 经常看　　　　B. 偶尔看　　　　C. 几乎不看

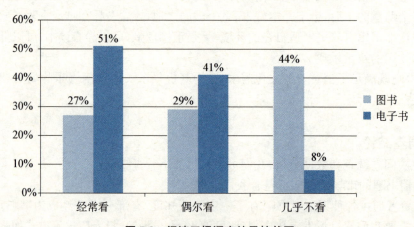

图 7-8　阅读习惯调查结果柱状图

调查显示(见图 7-8),被调查对象中大多数人有阅读图书和电子书的喜好,说明书吧有较大的发展空间。

4. 若您的阅读需求得不到满足,您认为影响您阅读的最大障碍是什么?(多选题)(　　)
　A. 工作学业太忙,没有时间读书　　　　B. 生活环境比较浮躁,缺乏读书氛围
　C. 没有一起分享阅读的伙伴　　　　　　D. 市面上书的种类太多,良莠不齐
　E. 手边没有书读,也不会特意去书店买书　F. 没有一个适合自己的读书地点
　G. 其他

从这个调查数据来看(见图 7-9),我们发现在影响被调查对象阅读的主要因素中,有 32%的人是因为没有一个适合的读书地点和环境,其次是工作学习比较忙,没时间沉下心来读书。所以,创造条件为消费者去书吧读书并提供良好的服务,是有一定市场机会的。

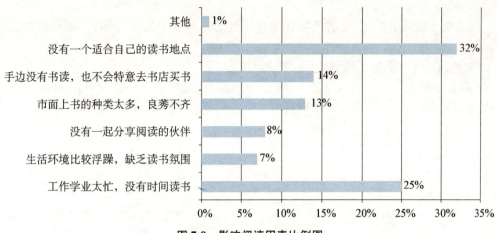

图 7-9 影响阅读因素比例图

5. 您听说过音乐书吧吗？（　　）
　A. 知道　　　　　　　　　　　　B. 不知道

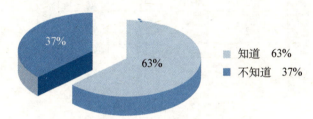

图 7-10　是否了解音乐书吧人数比例图

调查发现（见图 7-10），近四成的调查对象不知道音乐书吧的存在，说明在同济大学还需要加大对音乐书吧的宣传。

6. 你去过音乐书吧吗？（　　）
　A. 没有去过　　　　　　　　　　B. 去过

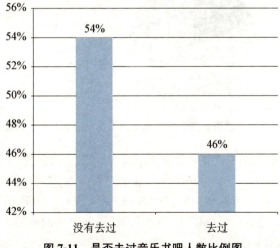

图 7-11　是否去过音乐书吧人数比例图

调查中我们发现（见图 7-11），消费过音乐书吧的和没有消费过音乐书吧的人群基本各占一半。说明对于音乐书吧，消费者实际体验还很缺乏。对于市场开发而言，还有很大的潜力可挖。

7．你是通过哪些渠道了解到音乐书吧的？（　　）
　　A．朋友介绍　　　　B．网络　　　　　　C．杂志　　　　　　D．电视
　　E．曾经见过　　　　F．宣传资料　　　　G．其他

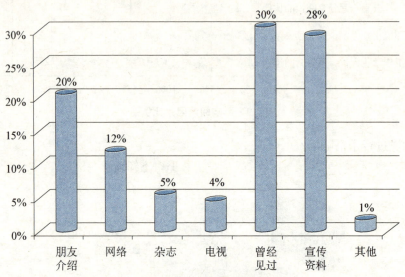

图 7-12　了解渠道比例图

通过调查我们发现（见图 7-12），消费者了解音乐书吧的主要渠道是曾经见过同类店面，其次是通过宣传资料和朋友介绍，然后是网络和杂志。

8．若您有空，会选择去音乐书吧吗？
　　A．不会　　　　　　B．会　　　　　　　C．看情况

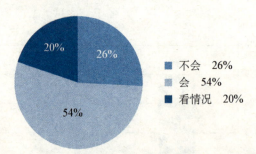

图 7-13　是否选择音乐书吧作为消费场所的人数比例图

在做消费者是否选择音乐书吧的心理消费需求时，我们发现（见图 7-13），会选择音乐书吧的人群占被调查人群的 54%，而不会选择音乐书吧的人群占 26%，还有 20% 的人虽然持不一定的看法，但并不表明人群就不能成为我们的客户，只要我们在做营销策划方案时，充分考虑这部分人的潜在需求，是完全有可能把他们吸引到音乐书吧来消费的。

9．您去书吧的主要原因是什么？（　　）
　　A．环境舒适　　　　B．听音乐　　　　　C．看书　　　　　　D．会友聊天
　　E．休闲放松　　　　F．其他

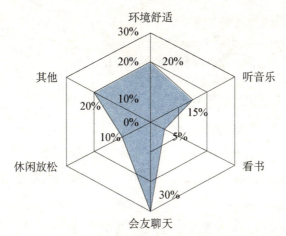

图 7-14　书吧消费目的调查显示图

通过调查我们发现(见图 7-14)，消费者去音乐书吧的主要目的是会友聊天，其次是因为那里环境舒适，以及可以听音乐，喝饮品，顺便翻翻书等等。可以看出消费者去音乐书吧的目的除了满足看书和喝饮品等基本需求外，更大的目的是希望找个与朋友交流的场所。

10. 若您选择去音乐书吧，您最看中音乐书吧哪些因素？(　　)
　　A．环境　　　　　　B．服务　　　　　　C．价格　　　　　　D．店面装潢
　　E．书籍和杂志　　　F．食品和饮料味道

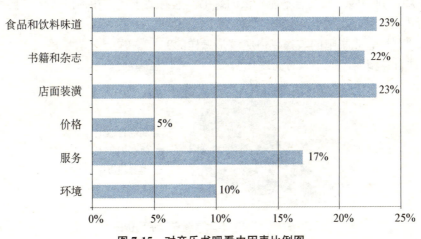

图 7-15　对音乐书吧看中因素比例图

通过调查我们发现(见图 7-15)，消费者在选择音乐书吧时主要考虑的因素是店面装潢、书籍和杂志、饮品和食品的味道，其次才是服务和环境，最后是价格。可以看出，别具一格的店面装修是首要吸引消费者的因素，其次是消费者对音乐书吧的内在产品也十分看重，可以看出消费者在消费时更趋于理性消费。

11. 您心目中的书吧具有哪些特点呢？(多选题)
　　A．书吧老板店员的周到服务(包括销售甜点等附加服务)
　　B．别致清新的装修风格
　　C．可以读到一般书店没有的好书

D．有安静惬意的阅读环境
E．可以提供休息的环境，不读书也可以静静呆着
F．有好听的音乐　　G．会举行有趣的活动　H．其他

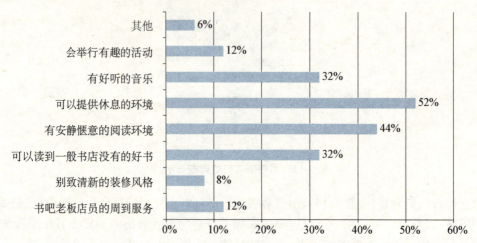

图 7-16　被调查者认为书吧应有特点显示比例图

通过调查我们发现（见图 7-16），在被调查者中，有 52％的被访者认为书吧不仅可以提供读书的场所，也还可以是一个提供休息的场所；另外分别有 32％的被调查者认为书吧应该提供好听的音乐和读到一些一般书店不能提供的好书。这有助于我们在推出产品和服务时要充分考虑消费者不同层次的需要。

12．您心目中音乐书吧的装修风格应该是怎样的？
　　A．简约自然型　　　　B．时尚现代型　　　　C．温馨浪漫型

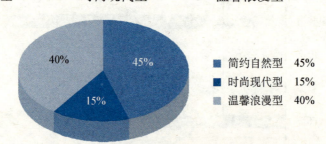

图 7-17　书吧装修风格调查显示比例图

根据调查结果显示（见图 7-17），接近五成的被调查者更偏好简约自然的装修风格，四成的被调查者偏好于温馨浪漫的装修风格，也有调查者喜欢时尚现代的装修风格，说明音乐书吧在装修风格上可选择简约自然，同时在一些细节上融入一些温馨浪漫的装饰风格。

13．请您对书吧环境的要求按重要程度进行排序。（　　　）
　　A．安静舒适　　　　B．交通便利　　　　C．空调暖气　　　　D．灯光明亮
　　E．空间设计合理　　F．干净整洁　　　　G．料理台操作可见

从调查数据来看（见图 7-18），被访者对书吧环境重要性排序依次是：①安静舒适；②干净整洁；③空调暖气；④灯光明亮；⑤交通便利；⑥空间设计合理；⑦料理台操作可见。由此可见，读书环境的安静舒适和干净整洁是消费者对书吧最为看重的因素。

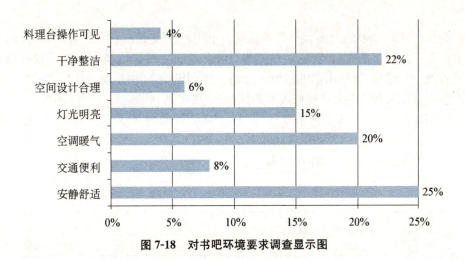

图 7-18　对书吧环境要求调查显示图

14. 若您去音乐书吧,您能接受的总消费水平大致是多少?(　　)
　　A. 50 元以下　　　B. 51—100 元　　　C. 101—200 元　　　D. 200 元以上

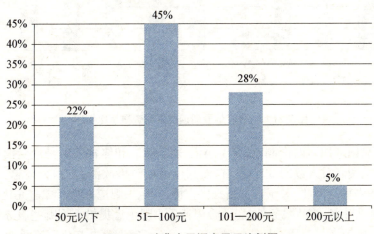

图 7-19　消费水平调查显示比例图

调查数据显示(见图 7-19),近五成的消费者消费水平在 50—100 元之间,近三成的消费者消费水平在 100—200 元之间,还有两成左右的消费者消费水平在 50 元以内。可以看出消费者的消费水平中等偏上,基本符合我们对目标消费人群的设想。

15. 您一般会选择在什么时候去音乐书吧?(　　)
　　A. 下午 2 点到傍晚 6 点　　　　　　B. 下午 6 点到晚上 10 点
　　C. 上午 9 点到 11 点　　　　　　　　D. 中午 11 点到下午 2 点

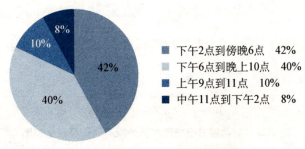

图 7-20　消费时间调查显示比例图

调查显示(见图 7-20)绝大多数消费者选择在下午或者晚上去书吧消费,少部分的消费者则选择了在上午或中午消费,说明音乐书吧的对外开放时间可以选择在大家比较有空余时间的下午或者晚上。这样,音乐书吧的客流量会高一些,书吧的利用率也会比较高一些。

16．您希望音乐书吧能提供哪些类型的读物?（可多选)（　　　）
    A．时尚潮流　　　　B．时事政治　　　　C．经典名著　　　　D．诗歌散文
    E．文学小说　　　　F．历史哲学　　　　G．动漫　　　　　　H．娱乐杂志
    I．艺术类杂志　　　J．体育杂志

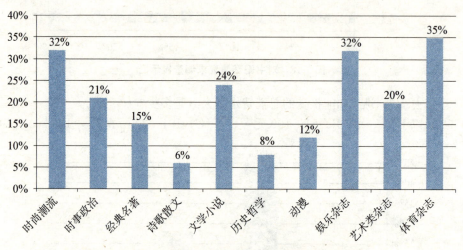

图 7-21　消费者偏爱阅读类别调查显示比例图

调查表明(见图 7-21),时尚潮流、文学小说、娱乐杂志和体育杂志是最受消费者喜爱的书籍,分别占到了消费者总人数的 30% 左右;而其他诸如时事政治、艺术类杂志、经典名著也是受消费者青睐的书籍。因此,对于在书籍提供方面,音乐书吧应充分考虑多元化。

17．除了提供看书、饮品服务外,您还希望音乐书吧为您提供下列哪些服务?（可多选)
    A．精致的甜点　　　B．无线上网　　　　C．定期举办文化交流活动
    D．租书购书服务　　E．小包房服务　　　F．其他

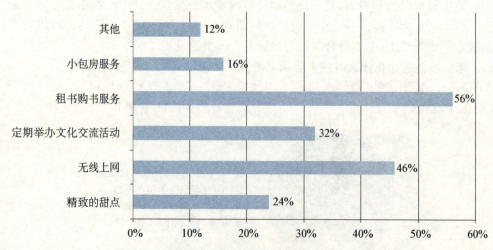

图 7-22　对希望书吧提供的额外服务调查显示比例图

通过调查我们发现(见图7-22),消费者对于音乐书吧更感兴趣的是能否提供无线上网和租书购书服务;另外他们对于书吧是否提供精致的甜点、定期举办文化交流活动也表示了兴趣。还有小部分消费者希望书吧能够提供小包房服务。说明音乐书吧在经营过程中应注意提供多样化服务,充分考虑消费者的共性需求和个性化需求。

18. 你喜欢音乐书吧播放的音乐风格是哪一类?
   A. 古典音乐　　　　B. 流行歌曲　　　　C. 轻音乐　　　　D. 摇滚音乐
   E. 爵士音乐

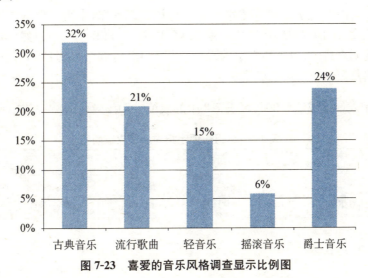

图7-23　喜爱的音乐风格调查显示比例图

调查表明(见图7-23),在音乐书吧播放的音乐类型中,最受消费者喜欢的是古典音乐,占到了32%,其次是爵士音乐和流行音乐,分别占到了24%和21%。说明在音乐书吧营业开放时间内,可以选择多样化的音乐类型,但更侧重于古典音乐的播放。

 实训练习

实训一　品牌休闲男装市场竞争调查

1. 实训背景

我国休闲服装市场品牌众多,市场竞争激烈,A品牌为了寻找新的市场空间和出路,拟对目前休闲男装市场的竞争状态和特征进行调查分析。

请为该公司设计营销环境调查的调查目的、调查内容和调查方法,并根据调查结果对休闲男装市场总体竞争格局及至少三个竞争对手的基本情况、营销策略等进行分析。

2. 实训组织

第一步:组建实训小组。将教学班学生按每组6—8人的标准划分为若干个课题小组,每个小组指定或推选出一名小组长。

第二步:明确实训目的和要求。由指导教师介绍实训的目的和要求,对"调查市场竞争"的实践价值给予说明,调查学生实训操作的积极性。

第三步:实施实训操作。每个小组根据市场调查的背景资料及实训要求,调配资源,明确

小组成员的任务,设计市场调查目的、调查内容和调查方法,并制作PPT课件。

第四步:陈述实训结果。集中安排各小组推荐发言人代表本小组,借助PPT课件,向全班陈述本小组的实训结果,接受"质询"。

第五步:教师点评每组实训情况,并由全班进行投票,评选出该次实训的获奖小组,给予表扬和奖励。

3. 实训考核

实训成绩依据学生上课出勤、课堂讨论发言、市场调查目的和内容与调查方法的设计水平、PPT课件制作水平、实训结果陈述水平等进行评定。首先,小组长根据学生出勤、讨论发言等评定出每位成员的个人成绩档次(优秀、良好、中等、及格和不及格);然后,指导教师根据小组提交的市场调查目的、内容和方法的设计结果及PPT,综合评出各小组成绩;最后,根据以下公式计算出每位学生的最终成绩。

个人最终成绩=30%×表7-2中的成绩+70%×表7-3中的成绩

表7-2 小组长评定组内成员成绩表

小组成员姓名	小组成员成绩(分)				
	优秀(90以上)	良好(81—90)	中等(71—80)	及格(60—70)	不及格(60以下)

表7-3 指导教师综合评定每组实训结果成绩表

评价内容	分值(分)	评分(分)
调查目的明确且符合要求	20	
调查内容的完整性、调查方法的合理性	30	
实训PPT的设计质量和效果	30	
实训汇报的表达效果	20	
实训总体评分	100	

实训二 与企业专家对话

由学校统一组织安排,让学生分组与企业专家对话交流,使学生对市场调查的概念和重要性有更加深刻的了解,知道市场竞争调查在企业经营过程中是如何应用的。学生所提主要问题可参考如下:

1. 您的企业需要进行市场竞争调查吗?需要具体调查哪些方面?
2. 您的企业是怎样进行市场竞争调查的?
3. 您的企业进行过市场竞争调查吗?

4. 您觉得市场竞争调查有什么意义?

以采访的形式(可电话采访)或直接对话,并录制采访录音或录像保存起来。

【成果与检测】

针对不同的企业家,全班组织讨论并写下自己的访谈报告,每组派代表向全班汇报。

图书在版编目(CIP)数据

市场调查/胡咏雪主编. —上海：华东师范大学出版社，2015.11
 ISBN 978-7-5675-4348-5

Ⅰ.①市… Ⅱ.①胡… Ⅲ.①市场调查 Ⅳ.①F713.52

中国版本图书馆 CIP 数据核字(2015)第 283769 号

市场调查

职业教育商贸、财经专业教学用书

主　　编　胡咏雪
责任编辑　李　琴
版式设计　徐颖超
封面设计　庄玉侠

出　　版　华东师范大学出版社
社　　址　上海市中山北路 3663 号
　　　　　邮编 200062

营销策划　上海龙智文化咨询有限公司
电　　话　021-51698271　51698272
传　　真　021-51698271

印 刷 者　宜兴市德胜印刷有限公司
开　　本　787×1092　16 开
印　　张　10.75
字　　数　253 千字
版　　次　2016 年 9 月第 1 版
印　　次　2016 年 9 月第 1 次
书　　号　ISBN 978-7-5675-4348-5/G·8811
定　　价　28.00 元

出 版 人　王　焰

(如发现本版图书有印订质量问题，请与华东师范大学出版社联系
电话：021-51698271　51698272)